내공
고등영어독해

기본

DARAKWON

내공 고등영어독해 기본

지은이 Michael A. Putlack, 안세정, 김남연
펴낸이 정규도
펴낸곳 (주)다락원

초판 1쇄 발행 2018년 9월 7일
초판 6쇄 발행 2024년 1월 16일

편집 서민정, 정지인, 이동호
디자인 윤지영, 조영남
영문 감수 Michael A. Putlack

다락원 경기도 파주시 문발로 211
내용문의 (02)736-2031 내선 533
구입문의 (02)736-2031 내선 250~252
Fax (02)732-2037
출판등록 1977년 9월 16일 제 406-2008-000007호

ISBN 978-89-277-0834-6 54740
      978-89-277-0832-2 54740 (set)

http://www.darakwon.co.kr
다락원 홈페이지를 방문하시면 상세한 출판 정보와 함께
동영상 강좌, MP3 자료 등 다양한 어학 정보를 얻으실 수 있습니다.

Photo Credits
pp. 22, 62, 70, 96
(Ned Snowman, quangmooo, Lunasee Studios, catwalker,
Star_Fish / Shutterstock.com)

내공
고등영어독해

기본

DARAKWON

영어 독해가 쉬워지고 **영어 1등급 자신감**을 키워주는 내공 고등영어독해!

All New Reading
새 교과서 소재와 최신 트렌드에 맞는 흥미로운 지문을 통해 기본 독해 실력을 키울 수 있습니다.

2+2+1 Questions
객관식 2문항, 서술형 2문항, 수능형 1문항으로 구성된 문제를 풀어 보며 내신과 수능을 균형 있게 학습할 수 있습니다.

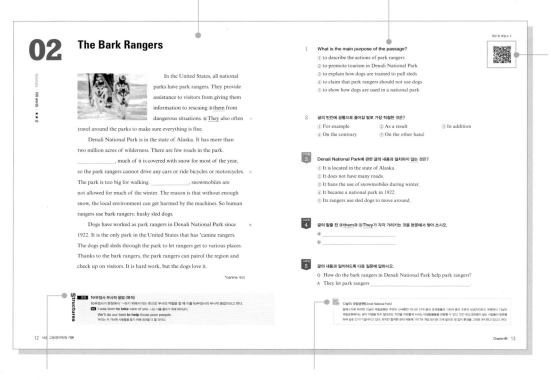

Smart Learning
QR 코드를 스캔하여 빠르고 손쉽게 지문의 MP3 파일을 들을 수 있습니다.

Structures
새 교과서의 문법을 포함한 고교 필수 문법을 선별하여 핵심 내용을 쉽게 설명했습니다.

Background Knowledge
본문과 관련된 다양한 배경 지식이 제공되어 더 깊이 있게 글의 내용을 이해할 수 있습니다.

Key Expressions
단원별 주요 어휘와 숙어를 한눈에 미리 볼 수 있으며, QR 코드를 스캔하면 원어민 발음을 들으면서 표현을 학습할 수 있습니다.

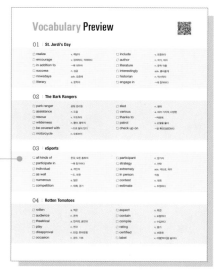

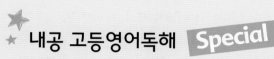

Reading Comprehension

각 단원에서 배운 주요 문법과 구문, 숙어를 직독직해
유형의 문제를 통해 확인하고 정리해 봅니다.

Focus on Sentences

A 다음 문장을 밑줄 친 부분에 유의하여 우리말로 해석하시오.
1 That does not stop Barcelonans from engaging in their unique celebration.
2 In addition, much of it is covered with snow for most of the year.
3 They are so popular that they will be medal sports at the Asia Games in China in 2022.
4 You would imagine that a website named Rotten Tomatoes would be negative, wouldn't you?

B 우리말과 같은 뜻이 되도록 주어진 말을 바르게 배열하시오.

C 우리말과 같은 뜻이 되도록 빈칸에 알맞은 말을 쓰시오.

★ ★ 내공 고등영어독해 **Special**

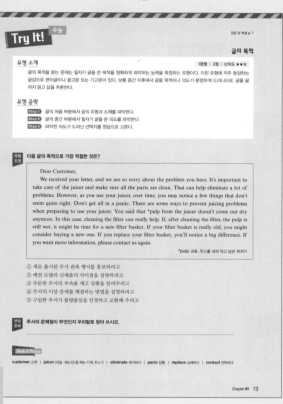

Try It! 수능   정답 및 해설 p. 7
글의 목적

유형 소개   1문항 | 2점 | 난이도 ★★★
글의 목적을 묻는 문제는 필자가 글을 쓴 목적을 정확하게 파악하는 능력을 측정하는 유형이다. 이런 유형에 자주 등장하는 글감으로 편지글이나 광고문 또는 기고문이 있다. 보통 중간 이후에서 글을 목적이나 의도가 분명하게 드러나므로, 글을 끝까지 읽고 답을 추론한다.

유형 공략
Step 1 글의 처음 부분에서 글의 유형과 소재를 파악한다.
Step 2 글의 중간 부분에서 필자가 글을 쓴 의도를 파악한다.
Step 3 파악한 의도가 드러난 선택지를 정답으로 고른다.

유형 도전 다음 글의 목적으로 가장 적절한 것은?

Dear Customer,
We received your letter, and we are so sorry about the problem you have. It's important to take care of the juicer and make sure all the parts are clean. That can help eliminate a lot of problems. However, as you use your juicer, over time, you may notice a few things that don't seem quite right. Don't get all in a panic. There are some ways to prevent juicing problems when preparing to use your juicer. You said that *pulp from the juicer doesn't come out dry anymore. In this case, cleaning the filter can really help. If, after cleaning the filter, the pulp is still wet, it might be time for a new filter basket. If your filter basket is really old, you might consider buying a new one. If you replace your filter basket, you'll notice a big difference. If you want more information, please contact us again.

*pulp 과육, 주스를 내려 먹고 남은 찌꺼기

① 새로 출시된 주서 관련 행사를 홍보하려고
② 예전 모델과 신제품의 차이점을 설명하려고
③ 주문한 주서의 부속품 재고 상황을 알려주려고
④ 주서의 이상 증세를 해결하는 방법을 설명하려고
⑤ 구입한 주서가 불량품임을 인정하고 교환해 주려고

변형 문제 주서의 문제점이 무엇인지 우리말로 찾아 쓰시오.

Words & Phrases
customer 고객 | juicer (과일·채소의) 즙 짜는 기계, 주스기 | eliminate 제거하다 | panic 당황 | replace 교체하다 | contact 연락하다

Chapter 01 **19**

한번 해보자, 수능!

수능 소재의 지문을 활용하여 수능 유형 공략법을 익히고, 유형별 대표 문제를 통해 수능 문제 풀이 훈련을 합니다. 동일 지문으로 서술형으로 변형된 문항을 풀어 봅니다.

Unit 01 Review

VOCABULARY CHECK
A 다음 단어의 우리말을 쓰시오.

C 주어진 문장이 밑줄 친 부분의 의미와 유사하도록 문장을 해석하시오. — Unit 2
1 I need some cash to reserve a hotel room.
2 You must add the sugar first to make the cookies.
3 Yena arrived in Seoul to study math and to learn more.

D 빈칸에 알맞은 부가의문문을 쓰시오. — Unit 4

E 우리말과 같은 뜻이 되도록 주어진 단어를 바르게 배열하시오. — Units 1 & 3

Workbook

단원별 주요 단어와 숙어, 핵심 구문과 문법을 다양한 형태의 문제를 통해 복습합니다.

내신 대비 Review Test
(온라인 부가 자료)

단원별 어휘, 문법, 지문을 활용해 실제 내신기출 유형으로만 이루어진 다양한 문제를 풀어보며 내신 문제 풀이 훈련을 합니다.

Contents / 목차

Chapter 01

Structures

- That does not **stop Barcelonans from engaging** in their unique celebration.
- They also often travel around the parks **to make** sure everything is fine.
- They are **so popular that** they will be medal sports at the Asia Games. YBM(박), 능률(김)
- You would imagine that a website named Rotten Tomatoes would be negative, **wouldn't you?**

Vocabulary Preview

01 | St. Jordi's Day

☐ realize	v. 깨닫다	☐ include	v. 포함하다
☐ encourage	v. 장려하다, 격려하다	☐ author	n. 작가, 저자
☐ in addition to	~에 더하여	☐ literature	n. 문학 작품
☐ success	n. 성공	☐ interestingly	adv. 흥미롭게
☐ nowadays	adv. 요즘에	☐ historian	n. 역사학자
☐ literary	a. 문학의	☐ engage in	~에 참여하다

02 | The Bark Rangers

☐ park ranger	공원 관리원	☐ sled	n. 썰매
☐ assistance	n. 도움	☐ various	a. 여러 가지의, 다양한
☐ rescue	v. 구조하다	☐ thanks to	~덕분에
☐ wilderness	n. 황야, 황무지	☐ patrol	v. 순찰을 돌다
☐ be covered with	~으로 덮여 있다	☐ check up on	~을 확인[검문]하다
☐ motorcycle	n. 오토바이		

03 | eSports

☐ all kinds of	온갖, 모든 종류의	☐ participant	n. 참가자
☐ participate in	~에 참가하다	☐ strategy	n. 전략
☐ individual	a. 개인의	☐ extremely	adv. 극도로, 매우
☐ as well	~도, 또한	☐ in person	직접
☐ numerous	a. 많은	☐ contest	n. 대회
☐ competition	n. 대회, 경기	☐ estimate	v. 추정하다

04 | Rotten Tomatoes

☐ rotten	a. 썩은	☐ aspect	n. 측면
☐ audience	n. 관객	☐ contain	v. 포함하다
☐ theatrical	a. 연극의, 공연의	☐ compile	v. 수집하다
☐ play	n. 연극	☐ rating	n. 평가
☐ disapproval	n. 반감, 못마땅함	☐ certified	a. 보증된
☐ occasion	n. 경우, 기회	☐ label	v. 라벨[딱지]을 붙이다

01

St. Jordi's Day

Every year on April 23, people celebrate St. George's Day. St. George was a Roman soldier ①who, according to legend, killed a dragon in North Africa and saved a princess. In England, St. George's Day is a big holiday. It is also an important day in Barcelona, Spain.

Jordi is the Spanish name for George, so the day ②is called St. Jordi's Day in Barcelona. On this day, men give roses to the women in their lives. They give red roses to their mothers, grandmothers, sisters, girlfriends, wives, daughters, and others. They also give books. There is a reason for ⓐthis.

In the 1920s, Vicente Clavel, who was living in Barcelona at the time, realized that St. Jordi's Day was also the death day of William Shakespeare and Miguel Cervantes. These men were two of the greatest ③writers in history. So Clavel encouraged people ④giving books to their loved ones in addition to roses.

The idea was a success. Nowadays, there are special literary events on St. Jordi's Day in Barcelona. These include book signings by authors and readings of great works of literature. Interestingly, historians now know ⑤that Cervantes actually died the day before St. Jordi's Day. But that does not stop Barcelonans from engaging in their unique celebration.

Structures

20행 stop A from B

stop A from B는 'A가 B하는 것을 막다'라는 뜻을 나타낸다. 이때 B는 동명사 형태를 취한다. stop 대신 keep, prevent, prohibit 등의 동사를 쓸 수도 있다.

ex Nobody can **stop me from going** there. 아무도 내가 거기에 가는 것을 막을 수 없다.
She **stopped her son from playing** soccer. 그녀는 아들이 축구를 하는 것을 막았다.

1 **What is the best title for the passage?**

① St. Jordi's Day: A Special Day in Barcelona

② Why Do People Celebrate St. Jordi's Day?

③ St. George's Day: A Holiday in Many Countries

④ The Most Important Day of the Year

⑤ A Legend about St. Jordi

수능형
2 **글의 밑줄 친 부분 중, 어법상 틀린 것은?**

①   ②   ③   ④   ⑤

3 **글의 내용과 일치하면 T, 그렇지 않으면 F를 쓰시오.**

(1) St. George was a Roman soldier who married a princess. _____

(2) Cervantes did not actually die on St. Jordi's Day. _____

서술형
4 **글의 밑줄 친 ⓐthis가 가리키는 것을 우리말로 쓰시오.**

_____

서술형
5 **글의 내용과 일치하도록 빈칸에 알맞은 단어를 본문에서 찾아 쓰시오.**

St. George is called St. Jordi in Barcelona, where St. Jordi's Day is a(n) _____ _____. Men give _____ _____ and books to women then.

02 The Bark Rangers

In the United States, all national parks have park rangers. They provide assistance to visitors from giving them information to rescuing ⓐ <u>them</u> from dangerous situations. ⓑ <u>They</u> also often ⁵ travel around the parks to make sure everything is fine.

Denali National Park is in the state of Alaska. It has more than two million acres of wilderness. There are few roads in the park. _____, much of it is covered with snow for most of the year, so the park rangers cannot drive any cars or ride bicycles or motorcycles. ¹⁰ The park is too big for walking. _____, snowmobiles are not allowed for much of the winter. The reason is that without enough snow, the local environment can get harmed by the machines. So human rangers use bark rangers: husky sled dogs.

Dogs have worked as park rangers in Denali National Park since ¹⁵ 1922. It is the only park in the United States that has *canine rangers. The dogs pull sleds through the park to let rangers get to various places. Thanks to the bark rangers, the park rangers can patrol the region and check up on visitors. It is hard work, but the dogs love it.

*canine 개의

Structures

6행 **to부정사 부사적 용법 (목적)**
to부정사가 문장에서 '~하기 위해서'라는 뜻으로 부사의 역할을 할 때 이를 to부정사의 부사적 용법이라고 한다.
ex I was born **to take** care of you. 나는 너를 돌보기 위해 태어났다.
We'll do our best **to help** those poor people.
우리는 저 가난한 사람들을 돕기 위해 최선을 다 할 것이다.

1   What is the main purpose of the passage?

① to describe the actions of park rangers

② to promote tourism in Denali National Park

③ to explain how dogs are trained to pull sleds

④ to claim that park rangers should not use dogs

⑤ to show how dogs are used in a national park

2   글의 빈칸에 공통으로 들어갈 말로 가장 적절한 것은?

① For example   ② As a result   ③ In addition

④ On the contrary   ⑤ On the other hand

3 Denali National Park에 관한 글의 내용과 일치하지 <u>않는</u> 것은?

① It is located in the state of Alaska.

② It does not have many roads.

③ It bans the use of snowmobiles during winter.

④ It became a national park in 1922.

⑤ Its rangers use sled dogs to move around.

4 글의 밑줄 친 ⓐthem과 ⓑThey가 각각 가리키는 것을 본문에서 찾아 쓰시오.

ⓐ _____

ⓑ _____

5 글의 내용과 일치하도록 다음 질문에 답하시오.

Q   How do the bark rangers in Denali National Park help park rangers?

A   They let park rangers _____.

 디날리 국립공원(Denali National Park)

알래스카에 위치한 디날리 국립공원은 주변의 산세뿐만 아니라 37여 종의 포유동물과 130여 종의 조류의 보금자리로도 유명하다. 디날리 국립공원에서는 굳이 야영을 하지 않더라도 자연을 자유롭게 누비는 야생동물들을 관찰할 수 있다. 연간 432,000명이 넘는 사람들이 방문을 하며 날로 인기가 많아지고 있다. 하지만 철저한 관리 덕분에 1917년 개장 당시와 크게 달라진 점 없이 환경을 그대로 유지하고 있다고 한다.

03 eSports

There are all kinds of sporting events. People participate in team sports such as soccer, baseball, and basketball. Individual sports such as golf, running, and swimming are popular as well. These days, another type 5 of sport is gaining popularity: eSports.

(①) <u>eSports, also knowing as electronic sports, are sporting events involving video games.</u> (②) Since then, they have increased in both quality and popularity. (③) Nowadays, hundreds of millions of people play video games. (④) As a result, there are numerous eSports 10 competitions around the world. (⑤)

The participants play shooting games, fighting games, real-time strategy games, and other types of games. In countries such as South Korea, eSports are extremely popular. Thousands attend competitions in person while large numbers of others watch events on television and 15 online. League of Legends and Dota 2 are two of the most popular video games people play. The contests are serious. In 2017, a Dota 2 competition in the United States offered a total of $24 million in prize money.

It is estimated that more than 300 million people participate in eSports today. They are so popular that they will be medal sports at the 20 Asia Games in China in 2022. <u>2024년에는 올림픽에 e스포츠를 포함시키자는 이야기도 있다.</u>

1 **What is the passage mainly about?**

① how to play eSports

② the popularity of eSports

③ the importance of eSports

④ which people enjoy eSports

⑤ competitions for eSports

2 글의 흐름으로 보아, 주어진 문장이 들어가기에 가장 적절한 곳은?

> The first video games came out in the 1970s.

①   ②   ③   ④   ⑤

3 글을 읽고 답할 수 <u>없는</u> 질문은?

① When will eSports be medal sports?

② What are the names of the two most popular video games?

③ How many people participate in eSports nowadays?

④ How much did the Dota 2 competition in the United States in 2017 offer for prize money?

⑤ How many eSports competitions are there around the world?

4 밑줄 친 문장을 읽고 <u>틀린</u> 부분을 찾아 바르게 고쳐 쓰시오.

_____ _____

5 밑줄 친 우리말과 같은 뜻이 되도록 주어진 단어를 바르게 배열하시오.

(including them, even, in the Olympics in 2024, there is, talk of)

→ _____

04 Rotten Tomatoes

In the past, audiences at theatrical performances such as plays and operas had unique ways to show their disapproval. When they disliked a performance, they often threw things at the people on stage. On many occasions, the audience members threw rotten tomatoes at them.

So you would imagine that a website named Rotten Tomatoes would be _____, wouldn't you? In reality, the website focuses on both positive and negative aspects. Rotten Tomatoes is one of the world's most popular websites. It contains reviews of movies. It lets regular people give reviews of the movies they watch. It also collects reviews of movies that are written by professionals and then compiles scores for them.

Rotten Tomatoes has a unique rating system. Films can be rated Certified Fresh, Fresh, and Rotten. To be Certified Fresh, 70% of the reviews must be positive. There must also be at least five positive reviews from top reviewers. These are generally famous people with newspaper columns or TV shows. To be considered Fresh, a movie only needs for 60% of the reviews to be positive. If fewer than 60% of the reviews are positive, the movie is labeled Rotten. That may not be a positive rating, but at least nobody is throwing anything at the performers.

5

10

15

20

Structures

8행 부가의문문

부가의문문은 상대방에게 사실을 확인하거나 동의를 구할 때 평서문이나 명령문 뒤에 부가적으로 덧붙이는 의문문이다. 앞에 나온 말이 긍정문이면 부가의문문은 부정으로, 부정문이면 긍정으로 한다.

ex The necklace is very expensive, **isn't it**? 그 목걸이는 매우 비싸, 그렇지 않니?

She doesn't want to do that, **does she**? 그녀는 그것을 하고 싶어하지 않아, 그렇지?

1 What is the passage mainly about?

① how to get a top rating on Rotten Tomatoes

② the history of rotten tomatoes in theaters

③ the most popular movies nowadays

④ a website that has movie reviews

⑤ how to leave a review on Rotten Tomatoes

2 Which is the best choice for the blank?

① aggressive   ② certified   ③ negative

④ positive   ⑤ challenging

3 How can a movie be considered Fresh?

→ It needs for _____.

4 Find the word in the passage which has the given meaning.

> *v.* to collect; to gather together

_____

Summary   Fill in the blanks by using the words below.

| reviews | positive | professionals | disapproval |

In the past, people threw rotten tomatoes at performers to show their _____. Today, the website Rotten Tomatoes is popular. It contains _____ of movies. It lets regular people give reviews and collects reviews by _____. The Rotten Tomatoes rating system uses Certified Fresh, Fresh, and Rotten. When fewer than 60% of reviews are _____, a movie is labeled Rotten.

A 다음 문장을 밑줄 친 부분에 유의하여 우리말로 해석하시오.

1 That does not <u>stop Barcelonans from engaging in</u> their unique celebration.

_____

2 In addition, much of it <u>is covered with</u> snow for most of the year.

_____

3 They are <u>so popular that</u> they will be medal sports at the Asia Games in China in 2022.

_____

4 You would imagine that a website named Rotten Tomatoes would be negative, <u>wouldn't you?</u>

_____

B 우리말과 같은 뜻이 되도록 주어진 말을 바르게 배열하시오.

1 개들은 1922년부터 디날리 국립공원에서 공원 관리원으로 일해 왔다.

_____ in Denali National Park since 1922.
　　　(park, have, rangers, dogs, as, worked)

2 오늘날에는 3억 명이 넘는 사람들이 e스포츠에 참가한다고 추정된다.

_____ more than 300 million people participate in eSports today.
　　(is, that, it, estimated)

3 그것은 일반인이 자신이 보는 영화에 대한 평가를 할 수 있게 한다.

It _____ they watch.
　　　(the, lets, of, give, movies, people, reviews, regular)

C 우리말과 같은 뜻이 되도록 빈칸에 알맞은 말을 쓰시오.

1 Clavel은 사람들이 사랑하는 사람들에게 장미에 더하여 책을 주도록 장려했다.

Clavel encouraged people to give books to their loved ones _____ _____
_____ roses.

2 공원 관리원들은 방문객들을 확인할 수 있다.

The park rangers can _____ _____ _____ visitors.

3 사람들은 축구, 야구, 그리고 농구와 같은 단체 경기에 참가한다.

People _____ _____ team sports such as soccer, baseball, and basketball.

글의 목적

유형 소개

1문항 | 2점 | 난이도 ★★☆

글의 목적을 묻는 문제는 필자가 글을 쓴 목적을 정확하게 파악하는 능력을 측정하는 유형이다. 이런 유형에 자주 등장하는 글감으로 편지글이나 광고문 또는 기고문이 있다. 보통 중간 이후에서 글을 목적이나 의도가 분명하게 드러나므로, 글을 끝까지 읽고 답을 추론한다.

유형 공략

Step 1 글의 처음 부분에서 글의 유형과 소재를 파악한다.
Step 2 글의 중간 부분에서 필자가 글을 쓴 의도를 파악한다.
Step 3 파악한 의도가 드러난 선택지를 정답으로 고른다.

 유형 도전 다음 글의 목적으로 가장 적절한 것은?

> Dear Customer,
>
> We received your letter, and we are so sorry about the problem you have. It's important to take care of the juicer and make sure all the parts are clean. That can help eliminate a lot of problems. However, as you use your juicer, over time, you may notice a few things that don't seem quite right. Don't get all in a panic. There are some ways to prevent juicing problems when preparing to use your juicer. You said that *pulp from the juicer doesn't come out dry anymore. In this case, cleaning the filter can really help. If, after cleaning the filter, the pulp is still wet, it might be time for a new filter basket. If your filter basket is really old, you might consider buying a new one. If you replace your filter basket, you'll notice a big difference. If you want more information, please contact us again.
>
> *pulp 과육, 주스를 내려 먹고 남은 찌꺼기

① 새로 출시된 주서 판촉 행사를 홍보하려고
② 예전 모델과 신제품의 차이점을 설명하려고
③ 주문한 주서의 부속품 재고 상황을 알려주려고
④ 주서의 이상 증세를 해결하는 방법을 설명하려고
⑤ 구입한 주서가 불량품임을 인정하고 교환해 주려고

 변형 문제 주서의 문제점이 무엇인지 우리말로 찾아 쓰시오.

_____

 Words & Phrases

customer 고객 | **juicer** (과일·채소의) 즙 짜는 기계, 주스기 | **eliminate** 제거하다 | **panic** 당황 | **replace** 교체하다 | **contact** 연락하다

Chapter 02

Structures

- The first one lacked facial features and **looked like** a metallic robot.
- That is **what** happened to the people of Denmark in 2011. YBM(한), 능률(양)
- While comic book sales are high, **so are those of online comics**. 천재(이)
- Today, visitors can see **how impressive they once were**.

Vocabulary Preview

05 | A New Type of Pet

☐ pet	n. 애완동물	☐ be capable of	~을 할 수 있다
☐ be allergic to	~에 알레르기가 있다	☐ advanced	a. 선진의
☐ permit	v. 허용하다, 허락하다	☐ recognize	v. 인식하다
☐ come out	나오다, 생산되다	☐ form	v. 형성되다, 형성시키다
☐ lack	n. 부족, 결핍	☐ respond	v. 대답하다, 응답하다
☐ previous	a. 이전의, 먼젓번의	☐ command	n. 명령

06 | Denmark's Fat Tax

☐ fat	a. 뚱뚱한, 살찐	☐ purchase	v. 구입하다, 구매하다
☐ rise	v. (가격이) 오르다	☐ obesity	n. 비만
☐ Danish	a. 덴마크(인)의	☐ saturated fat	포화 지방
☐ introduce	v. 도입하다	☐ propose	v. 제의하다
☐ increase	v. 증가시키다; 증가하다	☐ instead	adv. 대신에
☐ neighboring	a. 인근의	☐ cancel	v. 무효화하다

07 | Webtoons

☐ originate	v. 유래하다	☐ publish	v. 공개하다
☐ along with	~와 함께	☐ vertical	a. 수직의, 세로의
☐ similar to	~와 비슷한	☐ scroll down	아래로 스크롤하다
☐ primary	a. 주된, 주요한	☐ post	v. 게시하다, 올리다
☐ manner	n. 방식	☐ in addition	게다가
☐ view	v. 보다	☐ translate	v. 번역하다

08 | The Architecture of Samarkand

☐ merchant	n. 상인, 무역상	☐ fall into disrepair	황폐해지다
☐ pass through	~을 거쳐가다	☐ damage	v. 손상을 주다
☐ prosperous	a. 번영한, 번창한	☐ monument	n. 기념물
☐ home to	~의 발상지인	☐ decline	v. 쇠퇴하다
☐ impressive	a. 인상적인, 감명 깊은	☐ maintain	v. 유지하다
☐ magnificent	a. 감명 깊은	☐ restoration	n. 복원, 복구

05 A New Type of Pet

Some people would love to own a dog but cannot for certain reasons. For instance, they might be allergic to dog hair while others might live in places that do not permit pets. Fortunately, they can now own a pet that will not cause any of these problems. 5

Aibo is a pet robot made by Sony. The newest version is the fourth generation. (A) The first one came out in 1999 but lacked facial features and looked like a metallic robot. (B) With a white body and a brown tail and ears, the newest Aibo looks more like a real dog than the other 10 previous versions. (C) The new Aibo is much different though. It is also capable of ⓐ make realistic movements and sounds.

Thanks to the advanced technology Aibo uses, it can make expressions with its eyes. The cameras in its eyes can even recognize individual faces. Over time, the robot can learn the layout of its owner's 15 house, so it will avoid ⓑ run into things. Aibo also uses artificial intelligence to recognize its owner's face. This lets it form an emotional bond with its owner. It can respond to voice commands and learn tricks, too.

As of now, Aibo is only available in Japan. But as improvements keep being made, pet robots will surely become popular around the world. 20

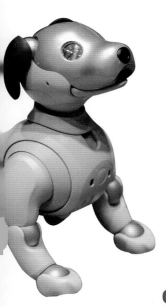

Structures

9행 **look vs. look like**

look과 look like는 둘 다 '~처럼 보이다'라는 뜻을 나타낸다. 하지만 look은 뒤에 형용사가 오고 look like는 뒤에 명사가 오는 점이 다르다.

ex That dress **looks** nice on you. 저 드레스는 네게 잘 어울려 보인다.
He **looks like** a pilot. 그는 조종사처럼 보인다.

1 What is the best title for the passage?

① Robot Pets vs. Real Pets

② What Does Aibo Look Like?

③ Aibo: The Robot Pet

④ Advanced Technology and Robots

⑤ The Most Popular Japanese Pet

2 글의 (A) ~ (C)를 글의 흐름에 맞게 배열한 것으로 가장 적절한 것은?

① (A)-(B)-(C)   ② (A)-(C)-(B)

③ (B)-(A)-(C)   ④ (C)-(A)-(B)

⑤ (C)-(B)-(A)

3 글에 따르면 아이보가 할 수 있는 일이 <u>아닌</u> 것은?

① 묘기 배우기

② 음성 지시에 반응하기

③ 사람 얼굴 인식하기

④ 주인의 건강 상태 체크하기

⑤ 집 안 물건의 배치 익히기

4 글의 내용과 일치하도록 다음 질문에 답하시오.

Q How does Aibo use artificial intelligence?

A It uses artificial intelligence to _____.

5 글의 밑줄 친 ⓐ와 ⓑ를 어법에 알맞은 형태로 쓰시오.

ⓐ _____

ⓑ _____

06 Denmark's Fat Tax

How would you feel if the prices of your favorite foods suddenly rose? You would probably be unhappy. That is exactly what happened to the people of Denmark in late 2011. The Danish government introduced a fat tax. It increased the prices of numerous items, including snack foods.

_____(A)_____ , many Danes began taking trips to neighboring Norway and Germany to purchase their favorite snack foods for lower prices.

According to the Danish government, the country was suffering from an obesity crisis. Too many Danes were eating foods with saturated fats. So they were becoming overweight and unhealthy. The government proposed the tax to make certain foods high in sugar and calories cost more. It was believed that this would cause people to buy less junk food.

That is what has happened in many countries that introduced taxes on cigarettes. As the prices of cigarettes went up, fewer people smoked. _____덴마크 정부는 비슷한 일이 일어나리라고 예상했다._____ Instead, people became upset. Companies also disliked the tax because they made fewer sales.

_____(B)_____ , the government canceled the tax a year later. It also stopped plans to introduce a sugar tax. These actions made many Danes happy but did nothing to solve the obesity problem.

Structures

4행 **관계대명사 what**

what은 선행사를 포함한 관계대명사로, 명사절을 이끌어 문장 안에서 주어, 보어, 목적어로 쓰인다.
ex **What** she said was the truth. 그녀가 말한 것이 진실이었다. (주어)
That's not **what** I meant. 내 뜻은 그것이 아니다. (보어)

1   글의 주제로 가장 적절한 것은?

    ① the types of taxes people in Denmark pay

    ② reactions to a fat tax in Denmark

    ③ Danish protests against the government

    ④ cigarette and fat taxes

    ⑤ the Danish obesity crisis

2   글의 빈칸 (A), (B)에 들어갈 말로 가장 적절한 것은?

	(A)		(B)
①	In other words	········	Besides
②	In other words	········	In the end
③	Despite this	········	Besides
④	As a result	········	In the end
⑤	As a result	········	Beforehand

3   **Write T if the statement is true or F if it is false.**

    (1) The government wanted a fat tax to make people buy less junk food.   _____

    (2) Cigarette taxes resulted in more people smoking.   _____

4   글의 내용과 일치하도록 다음 질문에 답하시오.

    Q What happened to the Danes who ate foods with saturated fats?

    A They became _____ and _____ .

5   밑줄 친 우리말과 같은 뜻이 되도록 주어진 단어를 바르게 배열하시오.

    (something, the Danish government, expected, to happen, similar)

    → _____

07 Webtoons

Culture | 207 words | ★★★

In South Korea, comic books can be found everywhere. Roughly one quarter of all book sales are comic books. While comic book sales are high, so are those of online comics. These comics, known as webtoons, originated in Korea.

In 2003, one of the major Korean portal sites started the first webtoon service. It, along with another webtoon service that soon appeared, increased the popularity of webtoons in Korea. Webtoons are similar to comics yet have some differences. The primary one is the manner in which they are viewed. Comic books frequently have several panels on each page. Webtoons, however, are published as one long vertical strip. This makes webtoons easy to read on computers and mobile devices since people simply have to scroll down.

Another difference is that webtoons are often published in color. ⓐ This is different from comic books, which tend to be printed in black and white. Because webtoons are posted online, many make use of technology by having animation or music that plays as people read them.

Webtoons quickly gained popularity in Korea. Today, hundreds of webtoons are published on the two most popular services. In addition, many Korean webtoons are translated into foreign languages such as English and exported to other countries.

5

10

15

20

Structures

3행 **so + 동사 + 주어**

「so + 동사 + 주어」는 주어와 동사의 위치가 바뀐 도치 구문이다. '〜도 역시 그렇다'라는 의미를 나타낸다.

ex He is very handsome. **So am I**. 그는 매우 잘생겼다. 나도 역시 그렇다.

I'm interested in music. **So is my brother**. 나는 음악에 관심이 있다. 내 남동생도 역시 그렇다.

1 글의 제목으로 가장 적절한 것은?

① The First Webtoon ② How to Read Webtoons

③ A New Type of Cartoon ④ The Most Famous Webtoons

⑤ Webtoons and Comics

2 What is implied about webtoons?

① They are more expensive than comic books.

② They are easier to read than comic books.

③ They are only popular in South Korea.

④ They cost a lot of money for people to print.

⑤ They can be read from left to right.

3 웹툰에 관한 글의 내용과 일치하지 <u>않는</u> 것은?

① 한국에서 유래했다.

② 보통 흑백보다는 컬러로 공개된다.

③ 하나의 긴 세로 스트립의 형태로 공개된다.

④ 모두 무료로 볼 수 있다.

⑤ 애니메이션이나 음악이 함께 나오는 경우도 많다.

4 글의 내용과 일치하도록 다음 질문에 답하시오.

Q How do webtoons use technology?

A They have _____ as people read them.

5 글의 밑줄 친 ⓐThis가 가리키는 것을 우리말로 쓰시오.

_____

> **라이트노벨**(Light Novel)
> 1970년대 일본의 청소년 소설에서 출발한 라이트노벨은 만화 속 캐릭터를 소설 속에 넣거나 SF·판타지 소설의 구성을 따르면서 인기를 얻었다. 라이트노벨의 특징으로는 우선 등장인물과 이야기에 대한 이해를 돕는 삽화가 표지와 본문에 사용된다는 점이 첫 번째로 꼽힌다. 두 번째, 전적으로 캐릭터에 의존하여 이야기가 전개된다. 이로 인해 라이트노벨은 '캐릭터 소설'이라 불리기도 한다. 세 번째, 만화나 애니메이션 장면을 글로 옮긴 것 같은 묘사가 추가 된다. 이는 라이트노벨이 출발한 일본의 만화, 애니메이션 시장과 라이트노벨의 발전 사이의 관련성 때문이다. 쉽고 재미있게 읽을 수 있는 라이트노벨 열풍은 주 독자층인 10대 남자 청소년들을 넘어 새로운 독자층으로 확대되고 있다.

08 The Architecture of Samarkand

Located in Central Asia in Uzbekistan, Samarkand is one of the world's oldest cities. It was founded sometime between the eighth and seventh century B.C. In ancient times, merchants traveling on the Silk Road passed through it. Samarkand became a prosperous city and was one of the greatest cities in Asia. 5

Because of its age, it should be no surprise to learn that Samarkand is home to impressive works of architecture. For instance, in 1370, the conqueror Tamerlane made Samarkand the capital of his empire. In 1399, he ordered the construction of a great mosque called the Bibi-Khanym Mosque. It was a huge, magnificent building with a dome forty meters high. 10 Sadly, the mosque fell into disrepair and was damaged by earthquakes.

Gur-e Amir is another great work of architecture in Samarkand. This is a monument which contains the bodies of Tamerlane, his sons and grandsons, and his teacher. A dome sits on top of the structure while the interior is decorated with mosaics and other works of art. 15

When Samarkand declined in the 1700s, the Bibi-Khanym Mosque, Gur-e Amir, and other monuments there were no longer maintained properly. Fortunately, in the late 1900s, restoration work was done on many places. Today, visitors can see how impressive they once were. 20

Structures

19행 **how + 형용사 + 주어 + 동사**
의문사 how로 시작하는 간접의문문의 경우, 「how+형용사+주어+동사」의 어순을 취한다. 이때 how는 '얼마나' 라고 해석한다.
ex I wonder **how old she is**. 나는 그녀가 몇 살인지 궁금하다.
He wants to estimate **how tall the building is**. 그는 그 건물이 얼마나 높은지 측정하고 싶어한다.

1 What is the passage mainly about?

① the history of Samarkand

② the importance of Tamerlane to Samarkand

③ some famous buildings in Samarkand

④ the largest mosque in Samarkand

⑤ the damage suffered by buildings in Samarkand

2 What is NOT mentioned about Samarkand?

① who made it a capital city

② how many people lived there

③ when it was founded

④ why merchants visited it

⑤ when it became less powerful

3 What is in Gur-e Amir?

→ It contains _____.

4 Find the word in the passage which has the given meaning.

a. wealthy; increasing in size and power

_____

Summary Fill in the blanks by using the words below.

built	impressive	restored	capital

Samarkand is in Uzbekistan and is one of the world's oldest cities. In 1370, Tamerlane made it the _____ of his empire. He had the Bibi-Khanym Mosque _____. Gur-e Amir was also built. It contains Tamerlane's body. These buildings and other impressive works of architecture were _____ in the late 1900s. So people can see how _____ they once were.

Focus on Sentences

A 다음 문장을 밑줄 친 부분에 유의하여 우리말로 해석하시오.

1 The first one came out in 1999 but lacked facial features and <u>looked like</u> a metallic robot.

_____

2 That is exactly <u>what happened</u> to the people of Denmark in late 2011.

_____

3 While comic book sales are high, <u>so are those of online comics.</u>

_____

4 Today, visitors can see <u>how impressive they once were.</u>

_____

B 우리말과 같은 뜻이 되도록 주어진 말을 바르게 배열하시오.

1 개선이 계속되고 있기 때문에 애완 로봇은 전세계적으로 반드시 인기를 얻을 것이다.

_____, pet robots will surely become popular around the world.
(being, improvements, as, made, keep)

2 이것이 사람들로 하여금 정크 푸드를 더 적게 사도록 할 것이라고 생각되었다.

It was believed that _____.
(less, cause, this, food, buy, people, would, junk, to)

3 사마르칸트는 번영한 도시가 되었고 아시아에서 가장 위대한 도시 중 하나였다.

Samarkand became a prosperous city and _____.
(greatest, in, the, of was, Asia, one, cities)

C 우리말과 같은 뜻이 되도록 빈칸에 알맞은 말을 쓰시오.

1 그것은 사실적인 움직임과 소리를 만들어낼 수 있다.

It _____ _____ _____ making realistic movements and sounds.

2 이것은 웹툰을 컴퓨터로 보기 쉽게 하는데 그것은 사람들이 그냥 아래로 스크롤해서 내리면 되기 때문이다.

This makes webtoons easy to read on computers since people simply have to _____
_____.

3 모스크는 지진으로 인해 황폐해지고 손상을 입었다.

The mosque _____ _____ _____ and was damaged by earthquakes.

글의 요지

유형 소개

1문항 | 2점 | 난이도 ★★☆

글의 요지를 묻는 문제는 중심 생각을 이해하는 능력을 측정하는 유형이다. 필자가 글에서 전달하고 있는 사실적인 중심 생각이 무엇인지를 파악해야 한다. 요지는 주제문을 통해 분명하게 드러나는 경우도 있지만, 명시적으로 드러나지 않아서 추론해야 되는 경우도 있다.

유형 공략

Step 1 글의 앞부분에서 글의 소재를 파악한다.

Step 2 글의 흐름을 따라가면서 필자가 전달하려는 핵심 내용을 파악한다.

Step 3 필자의 핵심 의견을 가장 잘 나타내는 선택지를 고른다.

 다음 글의 요지로 가장 적절한 것은?

Sometimes sticking to the rules is as challenging for parents as ⓐit is for kids. It is crucial that parents should be consistent with their rules. The reason is that not enforcing them makes children question everything that their parents do. If kids don't know what to expect from their parents, they never really know what the rules are. If your children know that you're able to overlook their bad behavior when you are tired or because you sometimes just feel sorry for them, then they won't know how to act properly every time. Though it may be hard to be consistent in your expectations, especially after a long day, this is the only way to ensure that you are taken seriously and that your child will understand your guidelines. For example, if your child breaks a toy, then he or she has to earn a new one by doing a particular task in the house. Don't give in when he or she breaks a toy just because you feel really sorry for your child that particular day.

① 아이에 대한 기대치를 낮춰야 한다.
② 아이와 함께 하는 시간을 확보해야 한다.
③ 아이와 상의해가면서 규칙을 세워야 한다.
④ 언제나 일관적으로 규칙을 적용해야 한다.
⑤ 아이의 정서와 상황에 맞춰 훈육해야 한다.

 윗글의 밑줄 친 ⓐit이 지칭하는 바를 본문에서 찾아 쓰시오.

_____

stick to ~을 고수하다 | challenging 어려운 | crucial 중요한 | consistent 일관적인 | enforce 강요하다 | overlook 간과하다 | give in 굴복하다

Chapter 03

Structures

- **Among them are France, Germany, Spain and Italy.** 비상
- She feels **as if** she **is** about to vomit.
- One zoologist was curious **if** lightning struck giraffes more than other animals. YBM(박), 천재(이)
- They also **complained about** having to teach themselves English.

Vocabulary Preview

09 | All about Passports

☐ rectangular	a. 직사각형의	☐ shade	n. 색깔
☐ booklet	n. 책자	☐ issue	v. 발행하다
☐ permission	n. 허가, 승인	☐ at the moment	현재, 지금
☐ depart	v. 떠나다	☐ organization	n. 기관, 조직
☐ major	a. 주요한, 중요한	☐ agency	n. 조직, 단체

10 | Phobias

☐ phobia	n. 공포증	☐ uncontrollably	adv. 제어하기 힘들게
☐ suffer from	앓다	☐ tightness	n. 긴장, 죄어져 있음
☐ excessive	a. 과도한	☐ dizzy	a. 어지러운
☐ enclosed	a. 동봉된, 폐쇄된	☐ pass out	기절하다
☐ height	n. 높이, 높은 곳	☐ overcome	v. 극복하다

11 | Giraffes and Lightning

☐ survive	v. 살아남다	☐ target	n. 목표물, 대상
☐ be more likely to	~할 가능성이 더 많다	☐ zoologist	n. 동물학자
☐ mammal	n. 포유동물	☐ curious	a. 호기심이 있는
☐ typically	adv. 보통	☐ furthermore	adv. 게다가, 더욱이
☐ object	n. 물체	☐ bounce off	튕겨 나오다
☐ ideal	a. 이상적인		

12 | Schools in the Clouds

☐ slum	n. 빈민가	☐ complain about	~에 대해 불평하다
☐ set up	설치하다	☐ concept	n. 개념
☐ conduct	v. ~을 하다, 진행하다	☐ self-learning	스스로 배움, 자체 학습
☐ experiment	n. 실험	☐ available	a. 이용 가능한
☐ rural	a. 시골의, 지방의	☐ recruit	v. 모집하다
☐ request	v. 요청하다	☐ replace	v. 대체하다, 대신하다

09 All about Passports

When people travel to other countries, they must have a passport. This small, rectangular booklet gives them permission to depart their home country and let them visit other countries. Each country's passport looks similar, but there is often one major difference: ⁵ the color of the cover. There are many different colors that countries use.

There are twenty-eight countries in the European Union. Among them are France, Germany, Spain, and Italy. Twenty-seven of them have passports that are some shade of burgundy. Only Croatia, which has a blue passport, is different. Some countries that want to join the EU, such ¹⁰ as Turkey, also have burgundy passports.

In the Islamic religion, green is an important color. Thus most Islamic countries use that color for their passports. Not every country that uses green is a Muslim one though. ___(A)___, the color of passports issued by South Korea is green. The United States uses blue ¹⁵ at the moment, but it has only done that since 1976. Before then, it used red, green, and beige. Many countries in South America and in the Caribbean region use blue as well. Some organizations issue their own passports. Interpol, an international police agency, issues black passports. ___(B)___ the United Nations gives blue passports to its members. ²⁰

Structures

7행 **부사구 도치**
강조를 위해 부사(구)를 문장의 맨 앞에 놓으면 주어와 동사의 순서가 바뀌어 「부사(구)+동사+주어」의 어순이 된다. 이때 주어가 대명사이면 도치되지 않는다.
ex **In the living room was a handsome gentleman.** 거실에 잘생긴 신사가 있었다.
Here he comes. 그가 온다.

1   글의 주제로 가장 적절한 것은?

① the countries that issue passports

② the colors of the covers of passports

③ the reasons countries issue passports

④ the changes countries have made to passports

⑤ the information contained in passports

2   **Which are the best choices for the blanks?**

	(A)		(B)
①	In other words	········	And
②	In other words	········	So
③	For example	········	And
④	For example	········	So
⑤	In addition	········	But

3   글의 내용과 일치하면 T, 그렇지 않으면 F를 쓰시오.

(1) Most Islamic countries have passports with blue covers.   _____

(2) Some international organizations issue passports to their members.   _____

4   글의 내용과 일치하도록 다음 질문에 답하시오.

Q   What color are most of the passports of countries in the European Union?

A   Most of them have passports that are _____.

5   글의 내용과 일치하도록 빈칸에 알맞은 단어를 본문에서 찾아 쓰시오.

Passports are small _____ that give people permission to _____ their home country and let them _____ other countries.

10 Phobias

A woman visits a restaurant and looks at a menu. The waiter asks her what she would like to order. Suddenly, the woman starts breathing quickly. Her heart rate increases, and she cannot say anything. She feels as if she is about to vomit. She jumps up from the table and runs out of the restaurant. 5

The woman suffers from a social phobia. A phobia is an excessive fear of something. In the woman's case, her fear is speaking to people in social situations. This is one of the most common phobia. Another typical one is *agoraphobia, the fear of open places such as shopping centers. *Claustrophobia is the fear of enclosed spaces while *acrophobia is the fear 10 of heights. Another common phobia is arachnophobia, the fear of spiders.

(①) There are all kinds of phobias since people are frightened by numerous things. (②) Their heart may start racing while they cannot breathe well. (③) People lose the ability to speak or start to talk rapidly. (④) They may shake uncontrollably and feel tightness 15 in the chest. (⑤) Lots of people begin sweating and may even get dizzy or pass out.

Fortunately, people can overcome their phobias over time. For example, by getting therapy, they can stop experiencing the symptoms which come with their fears. 20

*agoraphobia 광장 공포증 *claustrophobia 폐소 공포증 *acrophobia 고소 공포증

Structures

4행 as if + 현재/현재완료

「as if + 현재/현재완료」는 '~인 것처럼'의 의미로, '가정'이 아닌 단순한 '추측'을 나타낸다.

ex It seems **as if** she **is** rich. 그녀는 부자인 것처럼 보인다.

You look **as if** you **haven't slept** enough lately. 너는 요즘 충분히 잠을 못 잔 것처럼 보인다.

1 What does a person with claustrophobia fear?

① 거미

② 높은 곳

③ 툭 트인 곳

④ 폐쇄된 곳

⑤ 사회적인 상황에서 사람들에게 말하는 것

수능형
2 글의 흐름으로 보아, 주어진 문장이 들어가기에 가장 적절한 곳은?

However, most people's symptoms are similar.

①   ②   ③   ④   ⑤

3 글에 따르면 공포증의 공통적인 증상이 <u>아닌</u> 것은?

① 숨을 잘 못 쉬는 것

② 어지러워하는 것

③ 심장 박동 수가 증가하는 것

④ 움직이지 못하는 것

⑤ 빠르게 말하는 것

서술형
4 글의 내용과 일치하도록 다음 질문에 답하시오.

Q What is arachnophobia?

A It is _____ .

서술형
5 밑줄 친 문장을 읽고 <u>틀린</u> 부분을 찾아 바르게 고쳐 쓰시오.

_____ → _____

11 Giraffes and Lightning

In the United States, around fifty people a year are struck and killed by lightning. ① Even more get hit by lightning bolts but survive. Animals get hit by lightning, too. Tall animals are more likely to be struck than short ⓐ ones. 5

Giraffes are the world's tallest land animals. Some of these African mammals stand more than six meters tall. They also often live in grasslands, ② which have few tall trees. Since lightning typically strikes the tallest object in an area, giraffes are ideal targets. 10

One zoologist was curious if lightning struck giraffes more than other animals, so he did some research. He learned that three giraffes in an animal park in South Africa ③ have been struck by lightning. Two died while the other survived. A giraffe at a zoo in the United States was killed by lightning in 2003. Furthermore, he learned that some giraffes 15 lower their heads during lightning storms ④ to become shorter than others beside them.

According to another scientist, giraffes and elephants are in ⑤ more danger of being hit by lightning than other animals. They also get struck when lightning hits an object, bounces off it, and strikes another one. 20

Structures

11행 명사절을 이끄는 접속사 if (= whether)

if (= whether)는 명사절을 이끌어 '~인지 (아닌지)'라는 뜻으로 쓰인다. 이때 if절은 목적어로만 쓰이며, or not 을 붙일 때는 if절의 맨 뒤에 위치하는 것에 유의한다.

ex I am not sure **if** he will come to the party. 그가 파티에 올지 나는 잘 모르겠다.

I have not decided **if** I should cancel my trip **or not**.

나는 여행을 취소해야 할지 말지 결정하지 못했다.

1   글의 주제로 가장 적절한 것은?

① how dangerous lightning is

② where giraffes are often hit by lightning

③ how often giraffes are hit by lightning

④ when most animals get hit by lightning

⑤ how many giraffes have been killed by lightning

2   글의 밑줄 친 부분 중, 어법상 **틀린** 것은?

①   ②   ③   ④   ⑤

3   Which can be inferred about giraffes based on the passage?

① They usually live in the jungle.

② They try to avoid lightning during storms.

③ They never survive when lightning hits them.

④ They are more at risk from lightning than elephants.

⑤ They get hit by lightning less often than short animals.

4   글의 밑줄 친 ⓐones가 가리키는 것을 본문에서 찾아 쓰시오.

_____

5   글의 내용과 일치하도록 다음 질문에 답하시오.

Q   Why are giraffes ideal targets when there is lightning?

A   Lightning typically _____.

> **번개와 천둥**
> 번개와 천둥은 적란운이라고 불리는 소나기 구름 때문에 생긴다. 적란운은 땅이 매우 뜨거울 때 주로 생기며 적란운의 아래는 물방울로, 위는 얼음 알갱이로 이루어져 있다. 구름 속에서 양전기와 음전기가 서로 부딪혀 발생하는 전기가 바로 번개다. 보통 번개가 나타난 후 천둥이 치는데, 그 이유는 빛이 소리보다 공기 중에서 더 빠르게 움직이기 때문이다.

Schools in the Clouds

Sugata Mitra taught computer programming near a slum in New Delhi, India. One day, he started thinking about the children there. He wondered what would happen if he gave them a computer. He set up a computer with an Internet connection and left it in the slum. When he   5
returned a few hours later, he saw some kids surfing the Internet in English.

Then, he decided to conduct another experiment. He left a computer in a rural village far from New Delhi. Returning two months later, he was shocked. The kids were playing games and surfing the Internet. They even requested a better mouse and a faster computer. They also   10
complained about having to teach themselves English.

Mitra suddenly understood the concept of self-learning. He realized that students could teach themselves the knowledge they wanted to learn. And all that information was available on the cloud, the software and services found on the Internet. He decided to create some "schools in the   15
clouds." To get help, he recruited some retired female teachers. He called them the "granny cloud." They monitored the students online, answered questions, and provided encouragement.

Today, Mitra hopes to create schools with twenty-four students in each classroom and with a volunteer granny monitoring them. They will   20
not replace regular schools but will let students teach themselves.

Structures

11행 **타동사로 착각하기 쉬운 자동사**
complain, arrive, listen, experiment, interfere, consent 등의 동사는 목적어가 필요 없는 자동사이다.
하지만 문맥상 목적어를 필요로 하는 경우에는 목적어 앞에 전치사를 넣어야 한다.
ex The train **arrived at** the station an hour late. 기차는 역에 한 시간 늦게 도착했다.
I **listen to** the radio in the evening. 나는 저녁에 라디오를 듣는다.

1 **What is the passage mainly about?**

① how the idea for the schools in the clouds happened

② where the schools in the clouds are located

③ which students attend the schools in the clouds

④ how much it costs to attend the schools in the clouds

⑤ why many students enjoy the schools in the clouds

2 **What is NOT mentioned about Sugata Mitra?**

① He wants to create schools with 24 students per class.

② He was a computer programming teacher.

③ He got retired female teachers to help him.

④ He put a computer in a rural village in India.

⑤ He lived in a slum in New Delhi, India.

 3 **What did the kids in the rural village request from Sugata Mitra?**

→ They requested _____.

4 **Find the word in the passage which has the given meaning.**

> *v.* to attempt to get the services of a person for something such as employment

_____

Summary — Fill in the blanks by using the words below.

schools	concept	themselves	information

Sugata Mitra left computers in a slum in New Delhi and in a rural village in India. In both cases, children taught _____ to use computers. Mitra learned the _____ of self-learning. He realized the necessary _____ is on the cloud. He made some "schools in the clouds." He has retired female teachers help the students. He hopes to create more _____ in the future.

Focus on Sentences

A 다음 문장을 밑줄 친 부분에 유의하여 우리말로 해석하시오.

1 Among them are France, Germany, Spain, and Italy.

_____

2 She feels <u>as if</u> she <u>is</u> about to vomit.

_____

3 One zoologist was curious <u>if</u> lightning struck giraffes more than other animals.

_____

4 They also <u>complained about</u> having to teach themselves English.

_____

B 우리말과 같은 뜻이 되도록 주어진 말을 바르게 배열하시오.

1 하지만 초록색을 사용하는 모든 국가가 이슬람교인 것은 아니다.

_____ is a Muslim one though.
(uses, every, that, not, green, country)

2 종업원은 그녀에게 무엇을 주문하고 싶은지 묻는다.

The waiter asks her _____.
(would, order, like, what, to, she)

3 그는 아이들 몇 명이 영어로 인터넷을 검색하고 있는 것을 봤다.

He _____.
(in, the, kids, saw, English, surfing, Internet, some)

C 우리말과 같은 뜻이 되도록 빈칸에 알맞은 말을 쓰시오.

1 미국은 현재 파란색을 쓰지만 고작 1976년부터 썼을 뿐이다.

The United States uses blue _____ _____ _____, but it has only done that since 1976.

2 그 여자는 사회공포증을 앓고 있다.

The woman _____ _____ a social phobia.

3 키가 큰 동물들은 키가 작은 동물들보다 번개에 맞을 가능성이 더 높다.

Tall animals _____ _____ _____ _____ be struck than short ones.

지칭 추론

유형 소개

2문항 | 2점 | 난이도 ★★☆

밑줄 친 부분이 가리키는 대상이 다른 하나를 찾는 유형이다. 보통 밑줄 친 부분이 모두 대명사인 문항으로 출제되므로, 대명사가 지칭하는 대상이 무엇인지를 문맥을 통해 정확하게 파악해야 한다. 어떤 사건이 일어났고, 어떤 등장인물이 제시되고 있는지에 집중하여 답을 찾는다.

유형 공략

Step 1 글의 핵심 소재를 파악한다.
Step 2 사건에 등장하는 등장인물을 파악한다.
Step 3 등장인물의 행동을 파악하고, 가리키는 대상이 다른 것을 찾는다.

 밑줄 친 부분이 가리키는 대상이 나머지 넷과 다른 것은?

While in high school, Crystal's best friend was in the middle class. Class differences between them made Crystal feel inferior for the first time. Her friend lived in a beautiful house up on a hill, and ①she had a car her parents had given her. Crystal's mother was barely ⓐkeeping her head above water financially. Crystal realized that she came from a poor family. ②Her friend's parents were both college educated while Crystal's mother had not even graduated from high school. Her friend always did well in school, but ③she did not. When her friend was placed in the college prep track and Crystal was not, she blamed herself for being too stupid. However, she soon understood that ④she had very different resources than her friend. Nevertheless, she determined to do her best, and she finally overcame ⑤her disadvantageous conditions.

 밑줄 친 ⓐkeeping her head above water의 의미를 쓰시오.

_____

_____

inferior 열등한 | **barely** 겨우 | **keep one's head above water** (빚 안 지고) 자기 수입으로 생활하다 | **financially** 재정적으로 | **graduate** 졸업하다 |
college prep track 대학 입시 코스 | **resource** 자원 | **overcome** 극복하다 | **disadvantageous** 불리한

Chapter 04

Structures

- The speed of sound in water is **4.3 times faster than** it is in air. 비상
- **Some** are sent by text message to people's phones. **Others** are emailed to customers.
- **With the number of elderly people increasing worldwide**, alternatives to nursing homes are being sought. 능률(양), YBM(박)
- **However**, the couple decided to have a regular cake with white frosting. 금성

Vocabulary Preview

13 | Sound

☐ surround	v. 둘러싸다, 에워싸다	☐ exceed	v. 초과하다, 넘다
☐ due to	~에 기인하는, ~ 때문에	☐ sonic boom	음속 폭음, 소닉 붐
☐ travel	v. 이동하다	☐ high frequency	고주파
☐ vibration	n. 진동	☐ on the other hand	반면에
☐ molecule	n. 분자	☐ notice	v. 알아차리다
☐ make contact with	~와 접촉하다		

14 | E-receipts

☐ be concerned about	~에 관심을 가지다	☐ though	adv. 그렇지만, 하지만
☐ make sure	(~을) 확실히 하다	☐ throw away	버리다, 없애다
☐ natural resources	천연자원	☐ email	v. 이메일을 보내다
☐ conserve	v. 보존하다	☐ inform A of B	A에게 B를 알리다
☐ receipt	n. 영수증	☐ special deal	특가 상품

15 | The Village of Hogeweyk

☐ severe	a. 심각한	☐ seek	v. 추구하다, 모색하다
☐ dementia	n. 치매	☐ resident	n. 거주민
☐ affect	v. 영향을 끼치다	☐ fake	a. 가짜의
☐ sufferer	n. 환자	☐ illusion	n. 환상
☐ impersonal	a. 비인간적인	☐ thus	adv. 따라서, 그러므로
☐ alternative	n. 대안	☐ in comfort	편안하게, 안락하게

16 | Royal Wedding Traditions

☐ prepare for	~를 준비하다	☐ shrub	n. 관목
☐ ceremony	n. 의식, 식	☐ military	a. 군인의
☐ throne	n. 왕좌	☐ serve	v. 복무하다
☐ consent	n. 동의, 허락	☐ regular	a. 보통의
☐ bouquet	n. 부케, 꽃다발	☐ frosting	n. 당의, (케이크에) 설탕을 입힘
☐ evergreen	n. 상록수		

13 Sound

All day long, you are surrounded by sounds. Some are pleasant to hear while others are not. Some are loud while others are soft. In all cases, sound is created by waves traveling due to the vibrations of molecules. The vibrations themselves are caused when an object is struck or something makes contact with it. When the waves reach a person's ears, they are interpreted as sounds.

Sound waves travel around 767 miles per hour in the air. When something exceeds the speed of sound, it makes a loud noise known as a sonic boom. (①) Interestingly, sound travels faster in water than in the air. (②) The speed of sound in water is 4.3 times faster than it is in air. (③) For instance, dolphins can hear sounds from fifteen miles away. (④) And the sounds whales make can travel more than 470 miles. (⑤)

On land, animals hear sounds differently. _____ 개는 사람이 들을 수 없는 고주파의 소리를 들을 수 있다. _____ Flies, on the other hand, cannot hear any sounds. Cows appear to like pleasant sounds. Most cows that listen to music produce more milk than those that do not. And if you ever visit space, you will notice it is quiet. Because there are no molecules in space, there is no sound in it.

Structures

11행 배수사＋비교급＋than

「배수사＋비교급＋than」은 '~보다 몇 배 더 …한'이라는 뜻을 나타낸다. 원급을 이용하여 「배수사＋as＋원급＋as」로 표현할 수 있다.

ex
- This cellphone is **two times larger than** mine.
  = This cellphone is **twice as large as** mine. 이 핸드폰은 내 것보다 두 배 더 크다.
- The supercomputer is **three times faster than** other computers.
  = The supercomputer is **three times as fast as** other computers.
  그 슈퍼컴퓨터는 다른 컴퓨터보다 세 배 더 빠르다.

1 **글에 따르면 소리를 만들어 내는 것은?**

① 물체의 충돌   ② 분자의 진동

③ 파동의 강약   ④ 분자의 결합

⑤ 분자의 존재

수능형
2 **Where would the following sentence best fit?**

This lets sounds underwater travel great distances.

①   ②   ③   ④   ⑤

3 **글의 내용과 일치하면 T, 그렇지 않으면 F를 쓰시오.**

(1) Sound travels faster in the air than it does in the water.   _____

(2) Cows often produce more milk when they listen to music.   _____

서술형
4 **글의 내용과 일치하도록 다음 질문에 답하시오.**

Q How is a sonic boom made?

A It is made when _____ .

서술형
5 **밑줄 친 우리말과 같은 뜻이 되도록 주어진 단어를 바르게 배열하시오.**

(sounds, that, cannot hear, dogs, at high frequencies, can hear, humans)

➡ _____

 절대음감 (Perfect Pitch)
절대음감은 어떤 음을 듣고 기준이 되는 음의 도움 없이 어떤 음의 높이를 바로 판별할 수 있는 능력이다. 이 능력의 소유자 중에는 음악적 재능을 동시에 지닌 사람이 많다고 알려져 있는데, 모차르트, 바흐, 헨델, 쇼팽과 베토벤 등이 절대음감을 가진 음악가로 꼽힌다. 그러나 절대음감은 음을 식별해내는 능력일 뿐, 창의적으로 음악을 만드는 능력과는 별개이다. 바그너, 슈만, 베버, 라벨 등은 절대음감이 아니었음에도 위대한 작곡가가 되었다.

14 E-receipts

These days, people are ⓐconcern about the environment. They want to make sure they reduce their usage of natural resources. One easy way to conserve resources is to use (A)|more/less| paper. This is the idea behind the e-receipt. 5

When people make purchases, they almost always receive receipts from salesclerks. Not everyone ⓑlook at their receipts though. Many people simply throw ⓒthem away. Now, thanks to the e-receipt, or electronic receipt, it is no longer (B)|necessary/needless| to waste paper by printing receipts. 10

E-receipts can be given to people in numerous ways. Some are sent by text message to people's phones. Others are emailed to customers. And some companies provide e-receipts to customers who have downloaded apps. E-receipts do more than just save paper. They let stores inform their customers of sales and special deals. Some companies also send coupons 15 to their customers along with e-receipts. And, of course, customers who need paper receipts can print them anytime.

Few companies use e-receipts now, _____ the number is growing by the day. Soon, printed receipts will be a thing of the (C)|future/past|. They will all be replaced by e-receipts. 20

Structures

11~12행 부정대명사 some, others

한 개가 아닌 일부를 나타낼 때 처음 일부를 some, 나머지 일부를 others로 지칭하여 표현한다.

ex **Some** of them are from Busan. **Others** are from Seoul.
그들 중 일부는 부산에서 왔다. 다른 사람들은 서울에서 왔다.
Some were yellow. **Others** were red. 어떤 것들은 노란 색이었다. 다른 것들은 빨간 색이었다.

1   전자 영수증에 관한 글의 내용과 일치하지 <u>않는</u> 것은?

① 고객이 출력할 수 있다.

② 고객에게 앱을 통해 전송될 수도 있다.

③ 받으려면 돈을 내야 한다.

④ 때로는 전자 우편으로도 전송된다.

⑤ 쿠폰이 포함되기도 한다.

2   (A), (B), (C)의 각 네모 안에서 문맥에 맞는 낱말로 가장 적절한 것은?

	(A)		(B)		(C)
①	more	·········	necessary	·········	future
②	more	·········	needless	·········	past
③	less	·········	necessary	·········	future
④	less	·········	needless	·········	future
⑤	less	·········	necessary	·········	past

3   Which is the best choice for the blank?

① so   ② and   ③ or

④ but   ⑤ because

4   글의 @와 ⓑ에 주어진 단어를 어법에 알맞은 형태로 바꾸어 쓰시오.

@ _____

ⓑ _____

5   글의 밑줄 친 ⓒthem이 가리키는 것을 본문에서 찾아 쓰시오.

_____

15 The Village of Hogeweyk

As people grow older, they suffer from many problems. Among the most severe ones is dementia, which affects people's minds. Dementia sufferers forget many things, including their pasts, friends and family members, and names. 5

Many times, people with dementia live in nursing homes to receive care. But they are sad, impersonal places. With the number of elderly people increasing worldwide, alternatives to nursing homes are being sought. In the Netherlands, a few lucky individuals live in the gated village of Hogeweyk.

In Hogeweyk, the 152 residents receive 24-hour-a-day care. But 10 Hogeweyk does not resemble with a nursing home or a hospital. Instead, it has 23 houses for the patients. Each of ① them gets their own bedroom while they share the living room, kitchen, and dining room. When the patients leave their homes, they can walk down streets and visit squares, gardens, and a park. ② They can even shop at the supermarket in the village. 15

The carers wear regular clothes, too. The idea is to maintain a "fake reality" for the residents. ③ They do not lie to the patients about where they are. But they try to maintain the illusion that the patients are living at ④ their homes. So the patients can go shopping, meet their friends, and play games together. Thus ⑤ they can spend the rest of their lives in comfort. 20

Structures

7행 **with 분사구문**

「with＋목적어＋분사」는 '~하면서, ~한 채'의 뜻으로, 동시에 일어나는 상황을 좀더 생생하게 표현한다.

ex She read a book **with her dog sleeping** at her feet. 그녀는 그녀의 개가 발치에 잠든 채로 책을 읽었다.
I was standing still **with my arms folded**. 나는 팔짱을 낀 채 가만히 서 있었다.

1 **What is the best title for the passage?**

① Treating Dementia around the World

② A Different Type of Nursing Home

③ Hogeweyk and Its Many Problems

④ How to Care for the Elderly in the Netherlands

⑤ What Does Hogeweyk Look Like?

2 **호그벡에 관한 글의 내용과 일치하는 것은?**

① 간병인은 의사 가운을 입는다.

② 환자들은 집밖에 나가지 못 한다.

③ 환자들은 침실과 욕실을 함께 써야 한다.

④ 환자들은 물건을 사러 슈퍼마켓에 갈 수 있다.

⑤ 간병인이 환자에게 그들이 어디 있는지를 속여서 말한다.

수능형
3 **밑줄 친 부분이 가리키는 대상이 나머지 넷과 다른 것은?**

①   ②   ③   ④   ⑤

서술형
4 **밑줄 친 문장을 읽고 틀린 부분을 찾아 바르게 고쳐 쓰시오.**

_____   ➡   _____

서술형
5 **글의 내용과 일치하도록 빈칸에 알맞은 단어를 본문에서 찾아 쓰시오.**

With the help of _____, a few dementia sufferers spend the _____ of their _____ in Hogeweyk, a(n) _____ village in the Netherlands.

Royal Wedding Traditions

Preparing for a wedding is never easy since there are so many things for the bride and groom to do. Preparing for a royal wedding is even harder. The reason is that there are always traditions, some of which go back hundreds of years, to follow. 5

In May 2018, Prince Harry of Britain married American actress Meghan Markle in a ceremony that millions of people watched around the world. Before the couple could marry though, they had to receive permission from Queen Elizabeth II. It is a tradition for the first six royals in line for the throne to get the queen's consent before they can be married. 10

At the ceremony, the bride's wedding bouquet included some myrtle, a small evergreen shrub, along with forget-me-nots and other flowers. Myrtle is a symbol of good luck in both love and marriage. As for Prince Harry, he wore his military uniform for the wedding. Most British royals serve in the military, and the tradition of wearing a uniform at royal 15 weddings dates back to 1840.

The couple actually broke with tradition in one regard. The wedding cake for the British royal family has been fruitcake for centuries. However, the couple decided to have a regular cake with white frosting. Since the wedding was in spring, the cake was decorated with fresh flowers. 20

Structures

18행 **접속부사 however**
접속부사 however는 '그러나, 하지만'이라는 뜻으로 두 문장을 잇는 역할을 한다. 이때 however 뒤에 반드시 ',(콤마)'를 써야 한다.
ex I gave the boy something to eat. **However**, he did not thank me at all.
나는 그 소년에게 먹을 것을 줬다. 하지만 그는 내게 전혀 고마워하지 않았다.
Dave loved that name. **However**, his wife did not like it.
Dave는 그 이름을 매우 좋아했다. 하지만 그의 아내는 그것을 좋아하지 않았다.

1 According to the passage, which is true about Prince Harry?

① He believes in following all royal traditions.

② He is one of the first six people in line for the throne.

③ He likes fruitcake more than any other kind of cake.

④ He is the oldest grandson of Queen Elizabeth II.

⑤ He wears his military uniform all the time.

2 Which tradition did Prince Harry and Meghan Markle break?

① having myrtle in the wedding bouquet

② giving gifts to the attendees at the wedding

③ wearing formal clothes at the ceremony

④ serving fruitcake at their wedding

⑤ asking the queen for permission to marry

3 What did Prince Harry wear at the wedding?

→ He wore _____ .

4 Find the word in the passage which has the given meaning.

> *n.* something that represents or stands for a person, thing, idea, emotion, or characteristic

_____

Summary Fill in the blanks by using the words below.

wore	traditions	included	permission

There are many _____ to follow for royal weddings. Before Prince Harry married Meghan Markle, they received _____ from Queen Elizabeth II first. The bride's bouquet _____ myrtle, a symbol of good luck. And Prince Harry _____ his military uniform, a tradition dating back to 1840. They did not have a fruitcake, a royal tradition for centuries, though. Instead, they had a regular cake.

Focus on Sentences

A 다음 문장을 밑줄 친 부분에 유의하여 우리말로 해석하시오.

1 The speed of sound in water is <u>4.3 times faster than</u> it is in air.

_____

2 <u>Some</u> are sent by text message to people's phones. <u>Others</u> are emailed to customers.

_____

3 <u>With the number of elderly people increasing worldwide</u>, alternatives to nursing homes are being sought.

_____

4 <u>However</u>, the couple decided to have a regular cake with white frosting.

_____

B 우리말과 같은 뜻이 되도록 주어진 말을 바르게 배열하시오.

1 가장 심각한 문제들 중에는 치매가 있는데, 그것은 사람들의 정신에 영향을 끼친다.
   _____, which affects people's minds.
   (the, severe, dementia, among, ones, is, most)

2 더 이상 영수증을 출력함으로써 종이를 낭비할 필요가 없다.
   _____ by printing receipts.
   (to, paper, necessary, longer, it, waste, no, is)

3 각 사람은 거실과 부엌을 공유하는 반면 자신만의 침실을 가진다.
   _____ while they share the living room and kitchen.
   (them, own, their, each, bedroom, gets, of)

C 우리말과 같은 뜻이 되도록 빈칸에 알맞은 말을 쓰시오.

1 소리는 분자의 진동에 의해 이동하는 파동에 의해 만들어진다.
   Sound is created by waves traveling _____ _____ the vibrations of molecules.

2 그것은 가게들이 고객에게 할인과 특가 상품을 알리게 한다.
   They let stores _____ their customers _____ sales and special deals.

3 그래서 그들은 편안하게 여생을 보낼 수 있다.
   Thus they can spend the rest of their lives _____ _____ .

어법

유형 소개

1문항 | 3점 | 난이도 ★★★

다섯 개의 밑줄 친 부분 중에서 어법상 틀린 것을 찾는 유형과 네모 안에 제시된 세 쌍의 단어 중에서 어법에 맞는 것을 고르는 유형이 있다. 세부적인 문법 사항보다는 문장의 구조를 파악하는 데 중요한 문법 사항이 주로 출제되고 있다.

유형 공략

Step 1 전체 글의 내용을 파악한다.

Step 2 밑줄 친 부분이나 네모로 표시된 부분이 어떤 문법 항목인지 파악한다.

Step 3 문맥과 문장 구조에 비추어 어법상 잘못된 것을 찾는다.

 다음 글의 밑줄 친 부분 중, 어법상 틀린 것은? [3점]

These days, people frequently make comments about how children show no respect for adults anymore. If you look around at some of the adult behavior, it is not difficult ①to see why. Respect needs to be earned, not given. Adults also need to show respect to children. Children who are not respected themselves, most particularly by the people who are in charge of them and their education, ②is not going to learn the good things about respect. Mutual respect is paramount to good relationships. Disrespectful behavior destroys relationships and ③overflows into many other aspects of life. Children need to understand respect by having it ④demonstrated to them. Sadly, some desperate adults in schools behave disrespectfully. Worse still, they cover up that disrespect by ⑤using their powerful positions. Children know more than adults like to think about who deserves respect or not.

 윗글에 나타난 필자의 어조를 설명하시오.

_____

frequently 자주 | comment 언급 | behavior 행동 | particularly 특히 | be in charge of ~을 책임지다 | mutual 상호의 | paramount 무엇보다 중요한 | disrespectful 실례되는 | overflow 넘쳐흐르다 | aspect 면, 양상 | demonstrate 시연하다 | desperate 절망적인 | cover up 감추다 | deserve ~을 받을 자격이 있다

Chapter 05

<u>Structures</u>

- The space station **could have caused** serious damage **if** it **had hit** a populated area. 능률(양), YBM(박)
- Few people are actually aware of **when the first one was made**. YBM(한)
- **While** many people saw a huge problem, Ankit Agarwal and Karan Rastogi saw a solution. 천재(이)
- The castle was located **high** in the mountains.

Vocabulary Preview

17 | Cleaning Up Space Junk

☐ space junk	우주 쓰레기	☐ pose	v. 제기하다
☐ enter	v. 들어오다, 들어가다	☐ satellite	n. 인공위성
☐ atmosphere	n. 대기	☐ in orbit	궤도에 있는
☐ crash into	추락하다	☐ attempt	v. 시도하다
☐ claim	v. 주장하다	☐ harpoon	n. 작살
☐ marble	n. 구슬	☐ drag down	~을 끌어내리다

18 | BurgerFest

☐ be aware of	~을 알다	☐ look up	올려다보다
☐ butcher shop	정육점	☐ honor	v. 기념하다
☐ grind	v. 갈다	☐ take place	개최되다
☐ fairground	n. 축제 마당	☐ entertain	v. 즐겁게 해주다
☐ ingredient	n. 재료	☐ vendor	n. 노점상
☐ grill	v. 석쇠에 굽다	☐ run out of	~가 떨어지다, ~을 다 써버리다

19 | Helpusgreen

☐ holy	a. 신성한	☐ incense	n. 향
☐ devotion	n. 헌신	☐ compost	n. 퇴비
☐ blossom	n. 꽃	☐ make a profit	이윤을 내다
☐ worship	v. 숭배하다	☐ sacred	a. 성스러운
☐ pollute	v. 오염시키다	☐ ritual	n. 의식 절차
☐ pesticide	n. 농약, 살충제	☐ purify	v. 정화하다

20 | Film Company Logos

☐ logo	n. 상징, 로고	☐ bankrupt	v. 파산시키다
☐ pay close attention	세심하게 주의를 기울이다	☐ rugged	a. 바위투성이의
☐ actual	a. 실제의	☐ peak	n. 봉우리
☐ castle	n. 성	☐ assume	v. 추정하다
☐ inspire	v. 영감을 주다	☐ rarely	adv. 좀처럼 ~하지 않는
☐ commission	v. 의뢰하다	☐ steep	a. 가파른, 비탈진

17 Cleaning Up Space Junk

In April 2018, *Tiangong 1*, a Chinese space station, entered the Earth's atmosphere and crashed into the Pacific Ocean. Weighing 8.5 tons, the space station could have caused serious damage if it had hit a populated area.

While it was orbiting the Earth, the space station was just another piece of space junk. NASA claims there are more than 500,000 pieces of space junk the size of a marble or larger ⓐ <u>orbit</u> the Earth. There are millions more tinier pieces of space junk. Space junk poses many problems. It could crash into the Earth. It could also hit spaceships, rockets, or satellites in orbit.

(①) European aerospace company Airbus is attempting to do something to get rid of space junk. (②) It is developing a space harpoon. (③) Then, it will drag the satellite into the Earth's atmosphere. (④) Since the harpoon will control where the satellite falls to the Earth, nobody on the ground will get hurt. (⑤)

Airbus officials hope to use the harpoon to drag down *Envisat*. It is an 8.8-ton satellite that no longer works. If the harpoon is successful, it will be used to destroy even more satellites that have stopped ⓑ <u>work</u>. In this way, it can help clean up outer space.

Structures

4~5행 가정법 과거완료

가정법 과거완료는 「If+주어+had+p.p., 주어+조동사의 과거형+have+p.p.」의 형태로, 과거 사실과 반대되는 것을 가정할 때 쓰는 표현이다.

ex If you **had tried** a bit harder, you **could have won** the race.
네가 조금 더 열심히 노력했더라면 경주에서 이길 수 있었을 것이다.
If he **had gone** to college, he **could have gotten** a better job.
그가 대학에 갔더라면 더 좋은 직업을 얻을 수 있었을 것이다.

1 글의 주제로 가장 적절한 것은?

① the number of pieces of space junk

② a possible way to clean up outer space

③ the Chinese space station *Tiangong 1*

④ the reason there is too much space junk

⑤ people who have been hurt by space junk

2 According to the passage, what is a problem with space junk?

① 지구의 온도를 상승시킨다.

② 지구의 공기를 오염시킨다.

③ 인구 밀집 지역에 자주 충돌한다.

④ 우주에서 인공위성들과 부딪힐 수도 있다.

⑤ 지구 날씨에 영향을 줄 수 있다.

수능형
3 글의 흐름으로 보아, 주어진 문장이 들어가기에 가장 적절한 곳은?

> The harpoon will be shot into a satellite.

①   ②   ③   ④   ⑤

서술형
4 글의 내용과 일치하도록 다음 질문에 답하시오.

Q How do Airbus officials want to use the harpoon?

A They want to _____ *Envisat* and _____
that have stopped working.

서술형
5 글의 ⓐ와 ⓑ에 주어진 동사를 어법에 알맞은 형태로 바꾸어 쓰시오.

ⓐ _____

ⓑ _____

18 BurgerFest

Origin | 220 words | ★★☆

Today, one of the world's most popular fast foods is the hamburger. But few people are actually aware of when the first ⓐ one was made.

(A) One brother went to a butcher shop to get more pork. The butcher did not have any pork, so he sold the brother some ground beef. Back at the fairground, the brothers added coffee grounds and some other ingredients, and then they grilled the meat. A customer loved the food, so he asked what it was called. One of the brothers looked up and saw a sign for the Hamburg Fairgrounds. He turned to the customer and said, "Why, it is the hamburger."

(B) That was how the hamburger got its start. For many years, nobody celebrated the invention of the hamburger. Then, in 1985, the first BurgerFest was held on the Hamburg Fairgrounds in the village of Hamburg. It honored the hamburger in the very spot it was invented. The festival takes place every year, and people go there to listen to music, be entertained, and, of course, eat hamburgers.

(C) According to legend, in 1885, Frank and Charles Menches, two brothers, were working at a festival. They were food vendors who attended many fairs. On that day, the Menches brothers were cooking pork sausages. Their food was popular, so they quickly ran out of sausages.

5

10

15

Structures

2행 **간접의문문**

간접의문문은 의문문이 다른 문장 안에서 종속절로 쓰이는 것을 말한다. 의문문의 어순은 「의문사＋동사＋주어」인 반면 간접의문문의 어순은 「의문사＋주어＋동사」로 쓴다.

ex I know **when his birthday is**. 나는 그의 생일이 언제인지 안다.

Can you tell me **why he was late**? 그가 왜 늦었는지 내게 말해 줄래?

1 주어진 글 다음에 이어질 글의 순서로 가장 적절한 것은?

① (A)-(C)-(B)
② (B)-(A)-(C)
③ (B)-(C)-(A)
④ (C)-(A)-(B)
⑤ (C)-(B)-(A)

2 BurgerFest에 관한 다음 글의 내용과 일치하지 <u>않는</u> 것은?

① 1985년에 시작되었다.
② 함부르크에서 열린다.
③ 햄버거의 발명을 기념한다.
④ 방문객들에게 즐거움을 준다.
⑤ Menches 일가에 의해 열렸다.

3 Write T if the statement is true or F if it is false.

(1) The Menches brothers made hamburgers with pork sausages. _____

(2) The hamburger was invented at the Hamburg Fairgrounds. _____

 4 글의 밑줄 친 ⓐone이 가리키는 것을 본문에서 찾아 쓰시오.

_____

 5 글의 내용과 일치하도록 다음 질문에 답하시오.

Q What kind of meat did the first hamburger have?

A It had _____.

 독일의 명물 소시지 바이스부어스트 (Weißwurst)

독일의 맥주 축제인 옥토버페스트(Oktoberfest)에서 가장 인기 있는 소시지 중 하나는 뮌헨의 명물인 하얀 소시지 '바이스부어스트'이다. 다른 소시지와 구별되는 하얀 색이 특징인 이 소시지의 탄생 비화는 다음과 같다. 19세기 뮌헨의 한 여관 주인이 소시지를 만들 양 창자가 떨어져 대신 급하게 돼지 창자를 사용해 소시지를 만들었는데, 구우면 소시지가 갈라질까 봐 삶아서 내놓은 것이 손님들의 호평을 받으면서 현재의 하얀 소시지로 발전하게 되었다.

19 Helpusgreen

In India, when people visit temples and other holy places, they leave flowers to show their devotion. More than 800 million tons of flower blossoms are left at temples and other sites. But there is a problem. The flowers were used to worship, so they cannot simply be thrown away.

As a solution, the flowers are often thrown into the Ganges River. ⓐThis then creates another problem. The river is already _____. When the flowers are added, the pesticides and other chemicals on them get into the river and make it dirtier. While many people saw a huge problem, Ankit Agarwal and Karan Rastogi saw a solution.

They hired people to collect the flowers from the river. Then, they created products with them. Among the products were incense sticks, bathing soap, and compost. At first, people thought the two men were crazy, but their business began to grow.

Today, their company, called Helpusgreen, collects more than 1.5 tons of flowers every day. The business is expanding and making a profit. And the flowers are used for sacred purposes. The incense sticks are used in rituals while the soaps purify people's bodies. Finally, the compost goes into the ground, where it helps new flowers grow.

5

10

15

20

Structures

10행 접속사 **while** (대조)
접속사 while은 '~인 것에 반하여'라는 뜻으로, 대조를 나타낸다.
ex **While** I wanted to stay in, she wanted to go to the party.
내가 집에 머무르고 싶었던 것에 반하여, 그녀는 파티에 가고 싶어 했다.
Jamie is selfish **while** Katie is generous. Katie가 너그러운 것에 반하여, Jamie는 이기적이다.

1 글의 제목으로 가장 적절한 것은?

① Places of Worship in India

② A Simple Solution to a Big Problem

③ Flowers in the Ganges River

④ The Different Uses of Flowers

⑤ India's Fastest-Growing Company

2 Which is the best choice for the blank?

① polluted ② crowded ③ long

④ mysterious ⑤ flooded

3 글을 읽고 답할 수 <u>없는</u> 질문은?

① Who founded Helpusgreen?

② Why do people in India leave flowers at temples?

③ How many flowers are left at temples and other holy places in India?

④ What kinds of products does Helpusgreen make?

⑤ How much money do people in India spend for flowers every year?

4 글의 밑줄 친 ⓐThis가 가리키는 것을 우리말로 쓰시오.

_____

5 글의 내용과 일치하도록 다음 질문에 답하시오.

Q How many flowers does Helpusgreen collect every day?

A It collects _____ every day.

20 Film Company Logos

The next time you watch a movie, pay close attention as it begins. That is when the logo of the film company which produced the movie appears. Some logos are simple, showing just the name of the company. Others, like that of Tristar, have an animal. Two logos, those of Walt Disney Pictures and Paramount, show actual places.

There is a castle on the logo of Walt Disney Pictures. It is called the Sleeping Beauty Castle. You can see this fairytale castle at Disneyland in the United States. This castle itself was inspired by an actual place, Neuschwanstein Castle. It was commissioned by Ludwig II of Bavaria in the 1800s. It is one of the most impressive works of architecture in Europe. The castle was located high in the mountains, and its construction bankrupted the king. Today, Neuschwanstein Castle is a popular tourist attraction which millions have visited.

Paramount's logo features a rugged snow-covered mountain rising high above other peaks. While many assume it is Mount Everest, they are mistaken. It is Artesonraju, a mountain located in the Andes Mountains in Peru. It is more than 6,000 meters high and is rarely climbed because of its steep sides, heavy snow cover, and high winds. Paramount has actually had several logos in the past. All of them were mountains like Artesonraju.

Structures

12행 high vs. highly

위 문장에서 high는 '높이'라는 뜻을 나타내는 부사로 쓰였다. '매우, 대단히'라는 뜻을 나타내는 부사 highly와 혼동하지 않도록 주의한다.

ex He threw the ball **high** into the air. 그는 공중으로 높이 공을 던졌다.

Korea is a **highly** developed country. 한국은 매우 발전된 나라이다.

1

What is the passage mainly about?

① why movie companies have logos

② what the logos of some movie companies are

③ how the logos of movie companies have changed

④ which movie company logos are popular

⑤ when movie companies began using logos

2

What is true about Neuschwanstein Castle?

① It is located at Disneyland in the United States.

② It was inspired by the Sleeping Beauty Castle.

③ It was a popular tourist attraction in the 1800s.

④ It is a fairytale castle in Europe.

⑤ It was built in the mountains.

 3

Where is Artesonraju?

→ It is located in _____ .

4

Find the word in the passage which has the given meaning.

> *v.* to make someone lose or spend all of one's money

_____

Summary · Fill in the blanks by using the words below.

appear	mountain	inspired	places

Movie company logos _____ on the screen when movies begin. Some logos show _____ . The castle on the Walt Disney Pictures logo is called the Sleeping Beauty Castle. It was _____ by Neuschwanstein Castle in Bavaria. Paramount's logo shows a rugged, snow-covered _____ . It is Artesonraju, which is in the Andes Mountains in Peru.

A 다음 문장을 밑줄 친 부분에 유의하여 우리말로 해석하시오.

1 The space station could have caused serious damage <u>if it had hit</u> a populated area.

_____

2 Few people are actually aware of <u>when the first hamburger was made.</u>

_____

3 <u>While</u> many people saw a huge problem, Ankit Agarwal and Karan Rastogi saw a solution.

_____

4 The castle was located <u>high</u> in the mountains, and its construction bankrupted the king.

_____

B 우리말과 같은 뜻이 되도록 주어진 말을 바르게 배열하시오.

1 지구 둘레를 돌고 있는 우주 쓰레기가 50만 개가 넘는다.

There are _____.

(junk, 500,000 pieces, orbiting, more, than, Earth, space, of, the)

2 마지막으로 퇴비는 땅 속으로 들어가서 새로운 꽃이 자라나게 돕는다.

Finally, the compost goes into the ground, _____.

(new, it, grow, where, flowers, helps)

3 이 성 자체는 실제 장소인 노이슈반스타인 성에서 영감을 얻었다.

_____, Neuschwanstein Castle.

(actual, by, this, place, was, an, itself, inspired, castle)

C 우리말과 같은 뜻이 되도록 빈칸에 알맞은 말을 쓰시오.

1 2018년 4월에 톈궁 1호가 지구 대기에 들어와서 태평양에 추락했다.

In April 2018, _Tiangong 1_ entered the Earth's atmosphere and _____ _____ the Pacific Ocean.

2 그들의 음식은 인기가 있어서 소시지는 빠르게 떨어졌다.

Their food was popular, so they quickly _____ _____ _____ sausages.

3 다음 번에 영화를 볼 때는 영화가 시작할 때 세심하게 주의를 기울여라.

The next time you watch a movie, _____ _____ _____ as it begins.

도표

1문항 | 2점 | 난이도 ★★☆

 유형 소개

이 유형의 문제는 다양한 형태의 도표를 제시한다. 도표를 설명하는 글과 도표의 내용이 일치하는 지를 확인하는 유형이다. 도표를 정확하게 이해한 뒤에, 도표의 정보가 문장에서 정확하게 표현되어 있는지를 확인하는 능력이 요구된다.

유형 공략

Step 1 도표의 제목, 단위, 항목 등을 파악한다.
Step 2 선택지와 도표의 내용이 일치하는 지 일일이 대조한다.
Step 3 정답 가능성이 있는 선택지의 어느 부분이 도표의 내용과 일치하지 않는지를 확인한다.

유형 도전 다음 도표의 내용과 일치하지 <u>않는</u> 것은?

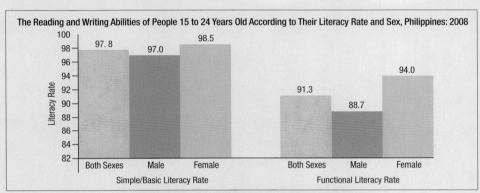

The Reading and Writing Abilities of People 15 to 24 Years Old According to Their Literacy Rate and Sex, Philippines: 2008

Source: NSO, 2008 Functional Literacy, Education and Mass Media Survey

The above graph shows the reading and writing abilities of people 15 to 24 years old according to their literacy rate and sex in Philippines in 2008. ① The basic and functional literacy rates for adolescents are 97.8 percent and 91.3 percent, respectively. ② Both the basic and functional literacy rates are higher among female adolescents compared to their male counterparts. ③ The basic literacy rates of male and female adolescents are higher than the functional literacy rates of male and female adolescents. ④ The gap between the basic literacy rate and the functional literacy rate of male adolescents is greater than that of female adolescents. ⑤ The gap between the basic literacy rates for male and female adolescents is higher than that between the functional rates for male and female adolescents.

 변형 문제 도표를 보고 다음 빈칸에 들어갈 숫자를 쓰시오.

The gap between the functional literacy rates for male and female adolescents is _____ percent points.

literacy 읽고 쓸 줄 아는 능력 | **functional** 기능적인 | **adolescent** 청소년 | **respectively** 각각 | **compare to** ~와 비교하다 | **counterpart** 상대물, 대응물 | **gap** 차이

Chapter 06

Structures

- He **is concerned about** artificial intelligence and the dangers it poses.
- The amount of farmland is not increasing **though**.
- For instance, people can stretch out and make **themselves** bigger. 교학사
- *Shchi* **is** a soup **made from** a common Russian vegetable: cabbage.

Vocabulary Preview

21 | Elon Musk: The Man Who Wants to Go to Mars

☐ reality	n. 현실	☐ extinction	n. 멸종
☐ cofounder	n. 공동 창업자	☐ wipe out	전멸시키다
☐ worth	a. ~의 가치가 있는	☐ stay on	머물다
☐ launch	v. 발사하다	☐ colony	n. 식민지
☐ transportation	n. 교통 수단, 운송 수단	☐ require	v. 필요로 하다
☐ be worried about	~에 대해 걱정하다	☐ afterward	adv. 후에, 나중에

22 | A New Way to Grow Crops

☐ crop	n. 농작물	☐ wavelength	n. 파장
☐ be close to	~에 가깝다	☐ tremendous	a. 엄청난, 굉장한
☐ based in	~에 기반을 둔	☐ resistance	n. 저항
☐ yield	n. 수확량, 산출량	☐ pest	n. 해충
☐ ultraviolet	a. 자외선의	☐ nutrient	n. 영양분, 영양소
☐ radiation	n. 복사	☐ succeed	v. 성공하다

23 | Nonverbal Behavior

☐ nonverbal	a. 말을 쓰지 않는, 비언어적인	☐ indicate	v. 보여주다, 나타내다
☐ countless	a. 셀 수 없이 많은, 무수한	☐ blink	v. 눈을 깜박이다
☐ collectively	adv. 총괄하여	☐ be in control of	~을 제어하고 있다
☐ examine	v. 검토하다	☐ content	a. 만족하는
☐ dominance	n. 우월, 우위	☐ tend to	~하는 경향이 있다
☐ submit to	~에 복종하다	☐ genuine	a. 진짜의

24 | Russian Food

☐ harsh	a. 가혹한	☐ cuisine	n. 요리법, 요리
☐ majority	n. 다수	☐ be full of	~로 가득 차다
☐ peasant	n. 소작농	☐ cabbage	n. 양배추
☐ be made up of	~로 구성되다	☐ popular with	~에게 인기 있는
☐ hearty	a. 푸짐한	☐ be stuffed with	~로 채워지다
☐ wholesome	a. 건강에 좋은	☐ bake	v. 굽다

21 Elon Musk: The Man Who Wants to Go to Mars

Growing up in South Africa, Elon Musk often looked at the stars and thought about space. One of his dreams was to go to Mars. That dream may become reality soon.

A cofounder of PayPal and the owner of Tesla Motors, Musk is worth billions of dollars. He is also the founder of SpaceX. It makes and launches rockets and spacecraft. It sends satellites into space and carries supplies to the International Space Station.

Musk constantly thinks about the future. He is developing a hyperloop, a superfast form of transportation. He is concerned about artificial intelligence and the dangers it poses. He is ＿＿＿＿＿ events on the Earth, too. He believes an extinction event could wipe out humans if they stay on the Earth. As a result, he is focusing on ⓐ go to Mars.

The Martian colony Musk dreams of would have around a million people ⓑ live there. This will require thousands of flights to Mars because materials need to be sent there for people to live on the planet. Musk plans to send his first rocket to Mars in 2022. Each couple of years, rockets will send 2 or 3 tons of materials to Mars. Perhaps soon afterward, as Musk dreams, the first humans will go to live on ⓒ the Red Planet.

To MARS

Structures

11행 **by 이외의 전치사와 쓰이는 수동태**
수동태는 보통 by를 써서 행위자를 나타내지만 by 이외의 전치사를 써서 행위자를 나타내는 경우도 있다.
ex I will tell you some news you might **be interested in**. 네가 관심이 있을만한 소식들을 알려 주겠다.
They **were** very **satisfied with** the results. 그들은 결과에 매우 만족했다.

정답 및 해설 p. 32

1 **글에 따르면 Elon Musk와 관계 없는 것은?**

① 테슬라 모터스   ② 하이퍼루프

③ 인공 지능 개발   ④ 인공위성 발사

⑤ 화성에 가는 것

수능형
2 **Which is the best choice for the blank?**

① worried about   ② pleased with

③ satisfied with   ④ surprised by

⑤ sad about

3 **글의 내용과 일치하면 T, 그렇지 않으면 F를 쓰시오.**

(1) Elon Musk developed PayPal by himself. _____

(2) Elon Musk wants to send a rocket to Mars in 2022. _____

서술형
4 **글의 ⓐ와 ⓑ에 주어진 동사를 어법에 알맞은 형태로 바꾸어 쓰시오.**

ⓐ _____

ⓑ _____

서술형
5 **글의 내용과 일치하도록 다음 질문에 답하시오.**

Q What does the underlined ⓒthe Red Planet refer to?

A _____

 칼 세이건(Carl Sagan)과 『코스모스 COSMOS』

세계적인 천문학자 칼 세이건은 우주 과학의 대중화를 선도한 인물로 그의 저서 『코스모스 COSMOS』는 지금까지 영어로 출판된 과학 서적 중 가장 널리 읽힌 책이다. 1980년 TV 시리즈로도 방영되어 전세계의 시청자들을 매료시킨 『코스모스』는 2014년에 리메이크되었는데, 방영 당시 버락 오바마 전 미국 대통령은 "『코스모스』의 정신은 다른 사람들보다 더 큰 꿈을 꾸고 더 멀리 나아가는 탐험의 정신"이며 "『코스모스』를 통해 새로운 세대의 모험 정신과 상상력을 고취할 것"이라고 직접 추천사를 남겨 화제가 되기도 했다.

22 A New Way to Grow Crops

The global population is rapidly increasing. By 2050, there will be close to 10 billion people living on the Earth. The amount of farmland is not increasing though. And many countries already have trouble feeding their people. If their populations rise even more, billions of people may not get enough food to eat.

A company based in New Zealand hopes to do something about ⓐ this problem. ① It has discovered a new way to improve the yields of farmers' crops: it uses ultraviolet (UV) light. UV light is a kind of radiation with wavelengths shorter than those of visible light. So ② it cannot be seen by people. Despite that, its effects on crops are tremendous.

When plants are exposed to UV light, they can produce more fruit, vegetables, or grain. They also gain resistance to certain diseases and pests. They can use food and nutrients they get from the ground more efficiently, too. This is important because fresh water is in short supply in many countries. The company has helped increase crop yields for some farmers in the United States and Mexico by 22%. Currently, ③ it is focusing on plants such as lettuce, tomatoes, broccoli, and strawberries. In the future, ④ it will use UV light on other plants. Hopefully, ⑤ it will succeed at improving the amount of food farmers grow.

1 **What is implied in the passage?**

① 많은 나라가 미래에 더 많은 식량을 필요로 할 것이다.

② 자외선은 몇몇 해로운 효과를 끼친다.

③ 전 세계의 농부들은 작물에 자외선을 사용한다.

④ 딸기는 자외선을 쬐면 잘 자라지 않는다.

⑤ 지구 상에는 충분한 농지가 있다.

2 **글에 따르면 자외선의 장점이 아닌 것은?**

① 식물이 병에 덜 걸리도록 돕는다.

② 식물이 더 많은 곡식을 생산하도록 돕는다.

③ 식물이 땅에서 영양분을 얻도록 돕는다.

④ 식물이 매우 빠르게 자라도록 돕는다.

⑤ 식물이 질병에 대해 저항할 수 있게 만든다.

3 밑줄 친 부분이 가리키는 대상이 나머지 넷과 다른 것은?

①   ②   ③   ④   ⑤

4 글의 밑줄 친 ⓐthis problem이 가리키는 것을 우리말로 쓰시오.

_____

5 글의 내용과 일치하도록 다음 질문에 답하시오.

Q   What is ultraviolet light?

A   It is _____ .

23 Nonverbal Behavior

People frequently communicate with one another by talking. But while they are speaking, they are also communicating in another way. They are using nonverbal behavior. There are countless types of this behavior, which is collectively known as body language. By examining how people use body language, it is possible for others to tell a lot about those individuals.

There are many ways to express power and dominance through nonverbal behavior. For instance, people can stretch out and make themselves bigger. Winners of contests typically spread their arms out high above their heads to show dominance. _____(A)_____, people who are weaker or are submitting to a more dominant person make themselves smaller. They may curl up into a ball, bend over, or pull their knees up to their chests.

Facial expressions are another type of body language. When people blink a lot, they are showing that they are under stress. _____(B)_____ by blinking less, they can indicate to others that they are in control of their bodies. People think that smiles mean they are happy or content, but that is not always true. Smiles that only involve the lips tend to be fake ⓐ ones. Genuine smiles are those that also use the eye muscles.

Structures

10행 재귀대명사 **themselves**

재귀대명사는 주어가 목적어로 반복될 때는 '그 자신을(에게)'의 의미이며 생략할 수 없다. 반면에, 재귀대명사가 주어, 목적어, 보어를 강조하기 위해 쓰일 때는 '바로 그 자신'의 의미이고, 생략이 가능하다.

ex The boy hurt **himself** during the trip. 그 소년은 여행 중에 그 자신을 다치게 했다. (생략 불가능)

We **ourselves** designed and built our new house.
우리는 우리 자신이 우리 집을 디자인하고 만들었다. (생략 가능)

1   **What is the passage mainly about?**

① the reasons people show dominant behavior

② different types of facial expressions

③ communicating verbally and nonverbally

④ ways people communicate without speaking

⑤ the importance of body language

2   **비언어적 행동에 관한 다음 글의 내용과 일치하지 <u>않는</u> 것은?**

① 손발을 뻗는 것은 지배적인 행동이다.

② 약한 사람들은 자신을 더 크게 만들려고 한다.

③ 스트레스를 받는 사람들은 눈을 많이 깜박일 수도 있다.

④ 굴복하는 사람들은 공 모양으로 웅크릴 수도 있다.

⑤ 입술로만 짓는 미소는 흔히 가짜이다.

3   **글의 빈칸 (A), (B)에 들어갈 말로 가장 적절한 것은?**

	(A)		(B)		(A)		(B)
①	As a result	·········	But	②	As a result	·········	So
③	As a result	·········	And	④	In contrast	·········	But
⑤	In contrast	·········	So				

4   **글의 밑줄 친 ⓐones가 가리키는 것을 본문에서 찾아 쓰시오.**

_____

5   **글의 내용과 일치하도록 다음 질문에 답하시오.**

Q   What does a genuine smile use?

A   It uses the _____.

Russian Food

Russia is an enormous country located in both Europe and Asia. The weather there is harsh, with temperatures often dropping far below zero degrees Celsius. The majority of the Russian people were peasant farmers in the past. They worked hard and had difficult lives. It is therefore no surprise that Russian food is made up of hearty, wholesome meals.

Soup is an important part of Russian cuisine, and borscht is the best-known one. Cooked with beets, which give it a red color, it is full of vegetables and meat and is usually served with sour cream on top. *Shchi* is a soup made from a common Russian vegetable: cabbage. It usually contains potatoes, carrots, and onions as well as meat such as chicken.

Golubtsi, another cabbage dish, is popular with Russians. This is a cabbage roll stuffed with pork or beef as well as vegetables and then baked in a tomato sauce. *Shashlyk* is a popular meat dish, too. It is Russian kebabs, which contain both meat and vegetables. Beef stroganoff is beef cooked in a sauce with mushrooms and potatoes and served with potatoes or noodles.

There are numerous other dishes the Russian people enjoy. The majority were created to help the Russian people overcome the unpleasant weather years ago but are still enjoyed by people today.

Structures

10행 **be made from vs. be made of**
be made from과 be made of는 둘 다 '~로 만들어지다'라는 뜻을 나타낸다. 전자는 재료가 화학적 변화를 거쳐 완전히 성질이 변한 경우에 쓰고, 후자는 재료의 모양만 변한 경우에 쓴다.
ex Wine **is made from** grapes. 포도주는 포도로 만들어진다.
　　Her necklace **is made of** solid silver. 그녀의 목걸이는 순은으로 만들어졌다.

수능형 1 **What is the passage mainly about?**

① the way to cook a Russian meal

② the ingredients used in Russian food

③ different types of food Russians eat

④ Russian food people eat on holidays

⑤ Russian meals that use cabbage

2 **What is NOT true about Russian food?**

① *Shchi* is a soup that contains cabbage and meat.

② It includes meat and vegetable kebabs like *shashlyk*.

③ Many Russians enjoy soup such as borscht.

④ Cabbage rolls stuffed with meat are popular.

⑤ Many traditional foods are not enjoyed today.

서술형 3 **What is *golubtsi*?**

➜ It is _____ as well as vegetables and

then baked in _____.

서술형 4 **Find the word in the passage which has the given meaning.**

a. contributing to keeping the body healthy and in good condition

_____

Summary **Fill in the blanks by using the words below.**

cuisine	popular	meals	overcome

Russian food contains hearty, wholesome _____. Soups such as borscht and *shchi* are important parts of Russian _____. Many Russian dishes contain cabbage. One is *golubtsi*, a cabbage roll stuffed with meat and vegetables and baked in a tomato sauce. *Shashlyk* and beef stroganoff are _____ meat dishes. Most Russian dishes were created to help the Russian people _____ the unpleasant weather.

Focus on Sentences

A 다음 문장을 밑줄 친 부분에 유의하여 우리말로 해석하시오.

1 He <u>is concerned about</u> artificial intelligence and the dangers it poses.

_____

2 The amount of farmland is not increasing <u>though</u>.

_____

3 For instance, people can stretch out and make <u>themselves</u> bigger.

_____

4 _Shchi_ is a soup <u>made from</u> a common Russian vegetable: cabbage.

_____

B 우리말과 같은 뜻이 되도록 주어진 말을 바르게 배열하시오.

1 그 행성에서 사람들이 계속 살 수 있도록 그곳으로 물자가 보내져야 한다.

Materials need to _____ .

(to, people, be, on, sent, live, for, planet, there, the)

2 그곳의 날씨는 종종 섭씨 0도 보다 한참 아래로 떨어지는 기온으로 혹독하다.

The weather there is harsh, _____ .

(Celsius, dropping, degrees, with, below, temperatures, zero, far, often)

3 '갈룹찌'는 야채뿐만 아니라 돼지고기 또는 쇠고기를 채운 양배추 롤이다.

Golubtsi is a cabbage roll _____ .

(as, vegetables, or, well, beef, with, pork, as, stuffed)

C 우리말과 같은 뜻이 되도록 빈칸에 알맞은 말을 쓰시오.

1 그는 인간이 지구에 머무른다면 멸종 사건이 인간을 전멸시킬 수 있다고 생각한다.

He believes an extinction event could _____ _____ humans if they stay on the Earth.

2 많은 나라가 사람들을 먹이는 것에 벌써 어려움을 겪고 있다.

Many countries already _____ _____ _____ their people.

3 그들은 눈을 덜 깜박임으로써 다른 사람들에게 자신이 몸을 제어하고 있다는 것을 보여줄 수 있다.

By blinking less, they can indicate to others that they _____ _____ _____ _____ their bodies.

빈칸 추론

유형 소개

4문항 | 3점 | 난이도 ★★★

글의 논리적인 맥락을 파악하여 빈칸에 들어갈 적절한 말을 추론하는 능력을 측정하는 유형이다. 수능에서 출제되는 문항수가 많은 유형으로, 글의 중심 생각과 관련된 부분이 빈칸으로 제시되는 경우가 많으니 글의 주제를 정확하게 파악해야 한다.

유형 공략

Step 1 전체적인 글의 중심 생각을 파악한다.

Step 2 중심 생각을 이용하여 빈칸에 들어갈 내용을 추론한다.

Step 3 정답 가능성이 있는 선택지를 빈칸에 넣고 글이 자연스럽게 연결되는지 확인한다.

 다음 글의 빈칸에 들어갈 말로 가장 적절한 것은? [3점]

When you consider the appearance and shape of a book, you'll think about widely different facts and concepts. Broadly speaking, the shape of the book is greatly influenced by the material used for its production. The reason why a particular material is chosen at a particular time, in a particular place, depends in turn largely on _____. Some materials, such as wood, leaves, bones, or tree bark, seem to suggest themselves, being freely available in most parts of the world. In this way bamboo seemed the obvious choice for China (being replaced by wood once the administration moved to areas where bamboo was no longer freely available). Likewise, palm leaves were used in India and Southeast Asia, and books were made of clay bricks in Mesopotamia.

① religious belief

② cultural tradition

③ political consideration

④ geographical availability

⑤ technological development

 윗글에서 책의 모양은 무엇에 크게 영향을 받는다고 했는지 우리말로 쓰시오.

_____

appearance 외양 | **concept** 개념 | **obvious** 명백한, 분명한 | **in turn** 결국에 | **administration** 행정부 | **palm** 야자수 | **clay** 진흙

Chapter 07

Structures

- **Because of** the unusual nature of these flowers, plant lovers often gather to watch them bloom.
- YouTube encourages people to make their **own** pages, called channels.
- They can break down PET **by eating** it. 능률(김)
- They become **even** more popular in May because that is when most countries celebrate Mother's Day.

Vocabulary Preview

25 | The Cereus Plant

☐ cereus	n. 손가락 선인장	☐ fragrant	a. 향기로운
☐ bloom	v. 꽃이 피다	☐ gather	v. 모이다
☐ imagine -ing	~하는 것을 상상하다	☐ preserve	n. 보호구, 보존 지역
☐ look like	~처럼 보이다	☐ private	a. 개인의, 사유의
☐ petal	n. 꽃잎	☐ be about to	막 ~하려 하다
☐ wither	v. 시들다	☐ after all	결국; 어찌 되었든

26 | YouTubers

☐ influential	a. 영향력이 있는	☐ personality	n. 인물, 저명인사
☐ individual	n. 개인	☐ be regarded as	~로 여겨지다
☐ benefit	n. 이득, 혜택	☐ authentic	a. 진정한, 진짜의; 진실된
☐ depending upon	~에 따라	☐ relatable	a. 공감을 일으키는
☐ turn A into B	A를 B로 바꾸다	☐ subscribe	v. 구독하다

27 | A Unique Enzyme

☐ enzyme	n. 효소	☐ crucial	a. 중요한
☐ break down	분해하다	☐ discovery	n. 발견
☐ pollution	n. 오염	☐ breakthrough	n. 돌파구, 발견
☐ landfill	n. 쓰레기 매립지	☐ mutate	v. 돌연변이가 되다, 변형되다
☐ be full of	~로 가득 차다	☐ intend to-v	~하려고 생각하다

28 | The Carnation: A Flower for Mother's Day

☐ florist	n. 플로리스트, 꽃집 주인	☐ pass away	돌아가시다
☐ large numbers of	상당수의	☐ represent	v. 대표하다
☐ pass out	나눠 주다	☐ admiration	n. 존경
☐ in attendance	참석한	☐ as for	~에 대해 말하자면
☐ concept	n. 개념	☐ symbolize	v. 상징하다
☐ honor	v. 공경하다	☐ affection	n. 애정

The Cereus Plant

Flower gardens are popular all over the world. 사람들은 보통 각기 다른 크기와 색깔을 가진 꽃을 심는다. These flowers bloom throughout spring and summer. They normally keep their blossoms for a few weeks, so people can enjoy their 5 beauty for a long time. Now, imagine having a flower garden where all the flowers bloom on the same day and only for a few hours.

The cereus plant is a flower that blooms at night. It has blossoms that look like stars, and its petals are long and fragrant. The flower is also extremely unusual. It blooms only on one night in the year, and all 10 the flowers in an area bloom together. In addition, the blooms on the flowers wither and die a few hours after they open.

Because of the unusual nature of these flowers, plant lovers often gather to watch them bloom. The Tohono Chul Garden is a nature preserve in Tucson, Arizona, USA. It has the largest private collection of 15 cereus plants in the world. When the plants are about to bloom, its staff sends out an email to people. The subject line reads "ⓐ Bloom Night Is Tonight." Most years, more than 1,000 people rush there to watch the event. It is an exciting time for them. After all, it only happens once a year.

Structures

13행 **because vs. because of**

because는 이유의 접속사로 뒤에 주어와 동사가 오는 반면, because of는 뒤에 명사(구)가 온다.

ex I cannot go to the party **because** I am going away that weekend.
나는 그 주말에 떠나기 때문에 파티에 갈 수 없다.
Our departure was delayed **because of** bad weather.
우리의 출발은 안 좋은 날씨 때문에 지연되었다.

1 **What is the best title for the passage?**

① Blossoms That Can Be Enjoyed Once a Year

② The Rarest Flowers in Arizona

③ The Tohono Chul Garden

④ The Only Flower That Blooms at Night

⑤ A Special Event for Flower Lovers

2 **손가락 선인장에 관한 다음 글의 내용과 일치하지 않는 것은?**

① 꽃잎의 향기가 좋다.

② 꽃은 밤에 핀다.

③ 일년에 하룻밤만 꽃이 핀다.

④ 꽃이 별처럼 생겼다.

⑤ 세계 도처에서 자란다.

3 **밑줄 친 "ⓐBloom Night Is Tonight"이 의미하는 것은?**

① 꽃의 일부를 밤에 심을 것이다.

② 손가락 선인장의 꽃이 곧 필 것이다.

③ 손가락 선인장에 오늘밤 물을 줄 것이다.

④ 손가락 선인장의 꽃이 이미 피었다.

⑤ 손가락 선인장의 꽃이 일주일 동안 피어있을 것이다.

4 **밑줄 친 우리말과 같은 뜻이 되도록 주어진 단어를 바르게 배열하시오.**

(flowers, different, people, have, usually, that, sizes and colors, plant)

→ _____

5 **글의 내용과 일치하도록 다음 질문에 답하시오.**

Q How long do the blooms of the cereus plant live?

A They _____ after they open.

26 YouTubers

YouTube is the world's top online video platform and ranks second behind Google as the largest search engine. It was created in 2005, and since then, it has been extremely influential.

YouTube encourages people to make their own pages, called channels. These individuals create videos and upload content onto the website. As an added benefit, YouTube often pays these individuals money depending upon the number of hits their videos get. Because they are being paid for the content they produce, many people have turned their video-making hobbies into full-time jobs that pay very well.

(①) These individuals are collectively known for YouTubers or YouTube personalities. (②) Some YouTubers have become highly influential in the world of social media. (③) YouTubers are often regarded as authentic and relatable, especially by Millennials. (④) Many have become quite famous. (⑤)

Who are some of these YouTubers? Nikkie De Jagar gives Nikkie Tutorials. More than 10 million people subscribe to her channel on beauty tips. Ryan Higa creates parody videos and has more than 20 million subscribers to his channel. And PewDiePie, a Swedish YouTuber, makes videos about games. He is the most popular YouTuber with 65 million subscribers. So what are you waiting for? Make your own channel and become a YouTuber. Perhaps fame and fortune await.

Structures

4행 소유의 강조 own

own은 '~ 자신의'라는 뜻을 나타내며, 소유격 뒤에 붙어 소유격의 의미를 강조하는 역할을 한다.

ex Do you know that he makes all his **own** clothes? 당신은 그가 자신의 옷을 모두 만드는 것을 아는가?
It was my **own** idea. 그것은 나 자신의 생각이었다.

1 **What is true about YouTube?**
① 사람들이 자신의 콘텐츠를 업로드하게 한다.
② 가입하기 위해서는 멤버십을 구매해야 한다.
③ 동영상을 만들어서 판다.
④ 세계에서 가장 큰 검색 엔진이다.
⑤ 몇몇 뉴스 프로그램을 후원한다.

 2 글의 흐름으로 보아, 주어진 문장이 들어가기에 가장 적절한 곳은?

These are people who were born between the years 1985 and 2004.

①   ②   ③   ④   ⑤

3 글에 따르면 PewDiePie가 하는 일은?
① 화장 강좌를 제공한다.
② 밀레니얼 세대에게 스포츠 소식을 전한다.
③ 인기 있는 바이럴 동영상들을 보고 의견을 남긴다.
④ 게임에 관한 동영상을 만든다.
⑤ 유튜버들을 위한 후원자를 찾는다.

 4 밑줄 친 부분을 읽고 틀린 부분을 찾아 바르게 고쳐 쓰시오.

_____ ➞ _____

5 글의 내용과 일치하도록 다음 질문에 답하시오.

Q How do people get paid by YouTube?
A They get paid depending upon _____.

 유튜브 (YouTube)
유튜브는 2005년 세 명의 창립 멤버가 친구들에게 파티 비디오를 배포하기 위해 '모두가 쉽게 비디오 영상을 공유할 수 있는 기술'을 생각해낸 것이 시초가 되어 탄생하였다. 2006년 10월 구글이 유튜브 사를 인수하였으며, 이후 2007년부터 국가별 현지화 서비스를 시작하여 2008년 1월에 한국어 서비스도 시작되었다. 동영상이나 사용자에게 댓글을 달아 소통할 수 있기 때문에 소셜 미디어 서비스의 일종으로도 분류된다.

27 A Unique Enzyme

More than one million plastic bottles are sold globally every minute. People use many other plastic products, too. The most common type of plastic, called PET, breaks down very slowly and can take 400 years to fall apart. Because of this, plastic is causing pollution problems everywhere. Landfills are filling up, and there are vast parts of the world's oceans that are full of plastic.

In 2016, a crucial discovery was made in Japan. Some scientists were examining plastic waste when they discovered a new type of bacteria. ⓐ They can break down PET by eating it. When the scientists made their announcement, people claimed it was an amazing breakthrough. Then, something else even more impressive happened.

A team of British and American scientists studied the bacteria. They shined intense beams of X-rays on the bacteria. These caused the bacteria to mutate, which created a new type of enzyme. It breaks down PET even more efficiently than the bacteria.

The scientists intend to use the enzyme to reduce the amount of plastic waste in the world. They want to make the oceans and land cleaner. ⓑ They have some more good news. The scientists believe they can improve the enzyme so that it can break down plastic even faster. Perhaps a cleaner Earth will be the final result.

Structures

10행 전치사의 목적어로 쓰이는 동명사

전치사 목적어로 동사가 올 경우 동명사의 형태로 바꿔 쓴다.

ex She is interested **in playing** the piano. 그녀는 피아노를 치는 것에 흥미가 있다.

After taking a shower, I waited for Mary. 샤워를 한 후 나는 Mary를 기다렸다.

1 글의 제목으로 가장 적절한 것은?

① The Importance of Recycling

② What Plastic Bottles Are Used For

③ A New Way to Break Down Plastic

④ The Search for New Bacteria

⑤ The Difference Between Enzymes and Bacteria

2 **What is PET?**

① 효소　　　　　　　② 박테리아

③ 재활용 과정　　　　④ 일종의 플라스틱

⑤ 폐기물

3 글의 내용과 일치하면 T, 그렇지 않으면 F를 쓰시오.

(1) Plastic is causing pollution problems because it breaks down so slowly. _____

(2) Some scientists in America discovered a new type of bacteria. _____

4 글의 밑줄 친 ⓐThey와 ⓑThey가 각각 가리키는 것을 본문에서 찾아 쓰시오.

ⓐ _____

ⓑ _____

5 글의 내용과 일치하도록 다음 질문에 답하시오.

Q How do scientists want to use the enzyme?

A They intend to use it to _____ .

28 The Carnation: A Flower for Mother's Day

Every year in May, florists around the world sell large numbers of carnations. These flowers, which are red, white, yellow, pink, and other colors, are popular in many countries. But they become even more popular in May because that is when most countries celebrate Mother's Day.

In 1908, Anna Jarvis started the tradition of celebrating ①Mother's Day in the United States. During the first celebration, she passed out 500 carnations to mothers in attendance. She did ②it for a simple reason: carnations were her own mother's favorite flower. The concept of Mother's Day spread quickly throughout the United States. Soon, every state in the country celebrated ③it. People in other countries began holding ④it, too. In some places, ⑤it was celebrated as Parents' Day, which honors both mothers and fathers.

At first, white carnations were worn to honor mothers who had passed away. Pink carnations, on the other hand, were worn for mothers still living. Today, white carnations represent pure love and good luck. Light red carnations suggest admiration. As for dark red carnations, they symbolize deep love and affection. That is the color of the carnations which many people give their mothers every May.

Structures

5행 **비교급 수식하는 부사**
even은 '훨씬'이라는 뜻으로 비교급을 수식하는 역할을 한다. much, far, a lot 등과 바꿔 쓸 수 있다.
ex Susan is **much** taller than Kate. Susan은 Kate보다 훨씬 키가 크다.
He looks **even** better than his picture. 그는 사진보다 훨씬 나아 보인다.

1 **What is the passage mainly about?**

① the traditional symbolism of carnations

② the first Mother's Day celebration

③ the best way to grow carnations

④ the reason carnations are important on Mother's Day

⑤ the most common flowers on Mother's Day

수능형
2 **Which underlined word refers to something different?**

①   ②   ③   ④   ⑤

서술형
3 **Why did Anna Jarvis pass out carnations on the first Mother's Day?**

→ Carnations were _____ .

서술형
4 **Find the word in the passage which has the given meaning.**

> *v.* to show great respect for someone

_____

Summary   **Fill in the blanks by using the words below.**

come	represent	symbolizes	started

Carnations _____ in many colors and are popular in May because of Mother's Day. In 1908, Anna Jarvis _____ Mother's Day in the United States. She passed out 500 carnations to mothers because they were her mother's favorite flower. Each color _____ something different. Dark red carnations _____ deep love and affection. They are the most popular color for Mother's Day.

Focus on Sentences

A 다음 문장을 밑줄 친 부분에 유의하여 우리말로 해석하시오.

1 <u>Because of</u> the unusual nature of these flowers, plant lovers often gather to watch them bloom.

_____

2 YouTube encourages people to make their <u>own</u> pages, called channels.

_____

3 They can break down PET <u>by eating</u> it.

_____

4 They become <u>even</u> more popular in May.

_____

B 우리말과 같은 뜻이 되도록 주어진 말을 바르게 배열하시오.

1 이제 모든 꽃이 같은 날에 피는 화원을 가지는 것을 상상해 보라.

Now, _____ where all the flowers bloom on the same day.
(having, garden, a, imagine, flower)

2 그 후 훨씬 더 인상적인 또 다른 일이 생겼다.

Then, _____ happened.
(impressive, else, even, something, more)

3 처음에는 돌아가신 어머니들을 기리기 위해 흰 카네이션을 달았다.

At first, white carnations _____ .
(to, had, away, were, honor, who, passed, worn, mothers)

C 우리말과 같은 뜻이 되도록 빈칸에 알맞은 말을 쓰시오.

1 많은 사람들이 자신의 영상을 만드는 취미를 수익이 잘 나는 풀타임 직업으로 전환했다.

Many people have _____ their video-making hobbies _____ full-time jobs that pay very well.

2 식물들이 꽃을 피우려 할 때 그곳의 직원들은 사람들에게 전자 우편을 발송한다.

When the plants _____ _____ _____ bloom, its staff sends out an email to people.

3 첫 번째 기념 행사에서 그녀는 참석한 어머니들에게 500송이의 카네이션을 나눠줬다.

During the first celebration, she passed out 500 carnations to mothers _____ _____ .

문장 삽입

유형 소개

2문항 | 2점 | 난이도 ★★☆

논리적인 흐름을 바탕으로 주어진 문장이 들어갈 적절한 위치를 파악하는 유형이다. 문장 간의 논리적 연결성과 글의 흐름을 파악하는 것이 중요하다. 연결어, 대명사, 지시어 등을 활용하면 문장 간의 연결성을 파악하는 데 도움이 된다.

유형 공략

Step 1 주어진 문장의 의미를 파악하고 글의 내용을 추론한다.
Step 2 주어진 문장에서 연결사, 대명사, 지시어 등 연결의 단서를 찾는다.
Step 3 주어진 문장을 넣고 글의 흐름이 자연스러운지 살핀다.

 글의 흐름으로 보아, 주어진 문장이 들어가기에 가장 적절한 곳은?

> While this view is correct in some cases, sometimes the driver's aggressive behavior can be described as instrumental aggression.

Aggressive driving can cause both minor and major accidents. (①) Aggressive driving is defined as "a pattern of social behavior that causes a serious threat to public safety." (②) The term road rage is used to describe aggressive driving. (③) It comes from the perception that an aggressive driver is reacting angrily to some fault, real or imagined, by another driver. (④) Aggressive driving for instrumental purposes may, for example, have the aim of reaching one's destination as fast as possible despite obstacles on the road. (⑤) This style of driving includes hazardous passing, cutting across lanes of traffic, and going through red lights at intersections.

 something that gets in the way의 의미를 지닌 한 단어를 본문에서 찾아 쓰시오.

_____

aggressive 공격적인 | **instrumental** 도구적인 | **minor** 사소한 | **major** 중요한 | **define** 정의하다 | **threat** 위협 | **perception** 인지 | **destination** 목적지 | **obstacle** 장애물 | **hazardous** 위험한

Chapter 08

Structures

- They **get people to appreciate** their opponents.
- His work with Basquiat **helped the younger man become** one of the most prominent artists.
- Some people might **object to being** called a bird.
- **The reason that** the hotel was designed in this manner is simple. 능률(김), YBM(박)

Vocabulary Preview

29 | Healthy Rivalries

☐ rivalry	n. 경쟁; 라이벌	☐ compete with	~와 겨루다
☐ opposing	a. 반대의, 상대의	☐ be good for	~에 좋다
☐ do one's best	~의 최선을 다하다	☐ result in	~를 낳다, ~를 야기하다
☐ thanks to	~ 덕분에	☐ personal	a. 개인적인
☐ consider A (to be) B	A를 B로 여기다	☐ appreciate	v. 고마워하다
☐ as well	또한	☐ opponent	n. 상대방, 적; 경쟁자

30 | Art Collaborations

☐ be well known	~이(가) 잘 알려지다	☐ collaborate	v. 공동으로 작업하다
☐ go well together	함께 잘 어울리다	☐ as if	마치 ~인 것처럼
☐ combination	n. 조합	☐ capture	v. 포착하다
☐ attempt to-v	~하려고 시도하다	☐ develop	v. (필름을) 현상하다
☐ once	adv. 한 번	☐ indeed	adv. 정말로
☐ prominent	a. 유명한, 중요한		

31 | The Three Kiwis

☐ recognizable	a. 알아 볼 수 있는	☐ be referred to as	~라고 불리다
☐ due to	~때문에	☐ come as no surprise	놀라운 일이 아니다
☐ hold importance to	~에게 중요하다	☐ native	a. 원산의
☐ begin -ing	~하기 시작하다	☐ transport	v. 수송하다
☐ associate A with B	A를 B에 연관시키다	☐ cultivate	v. 경작하다, 기르다
☐ symbol	n. 상징	☐ commercially	adv. 상업적으로

32 | The Hotel Puerta América

☐ be advised to-v	~하라는 충고를 받다	☐ avant-garde	n. 아방가르드
☐ go sightseeing	관광을 하다	☐ contain	v. 포함하다
☐ single	a. 하나의	☐ perspective	n. 시각, 시점
☐ architectural	a. 건축의	☐ temporarily	adv. 일시적으로
☐ firm	n. 회사	☐ opportunity	n. 기회
☐ masterpiece	n. 작품	☐ vision	n. 미래상

29

Heathy Rivalries

Lionel Messi and Cristiano Ronaldo are two of the greatest soccer players in the world. Messi plays for Argentina while Ronaldo plays for Portugal. Both men also play on opposing teams in the Spanish professional soccer league. When their teams play each other, the games are exciting, and the fans are more interested than usual. Both players do their best to win thanks to their rivalry. Some people consider rivalries to be bad, but they can be positive as well. These are healthy rivalries.

Rivalries are common in sports. But ①they can also be found elsewhere. Students may compete with one another in classes and academic contests. Coworkers often compete to see who can produce the best results. And brothers and sisters ⓐgrow up compete all the time. These are called sibling rivalries. In most cases, these are healthy rivalries.

Healthy rivalries are good for everyone ⓑinvolve. First, ②they can increase the level of competition. Sports teams, students, employees, and siblings all try harder against their rivals. This results in personal improvement. People can set personal records and do better than normal thanks to their rivals. ③They also teach people to do their best and to try their hardest. And ④they get people to appreciate their opponents. ⑤They learn to _____ the people that they are competing against.

Structures

18행 to부정사를 목적격 보어로 취하는 동사

get, force, help 등의 동사는 to부정사를 목적격 보어로 취한다. 단, help는 to부정사와 동사원형 모두를 목적격 보어로 취할 수 있다.

ex They **forced** him **to get** out of the room. 그들은 그에게 방에서 나가도록 강요했다.

Please **help** me **to find** my brother. 제가 제 남동생을 찾는 것을 도와주세요.

정답 및 해설 p. 44

1 글의 주제로 가장 적절한 것은?

① rivalries between soccer players

② the benefits of rivalries

③ rivalries between family members

④ the reasons rivalries happen

⑤ rivalries and the harm they cause

2 **Which is the best choice for the blank?**

① dislike   ② laugh at   ③ ignore

④ respect   ⑤ defeat

수능형
3 밑줄 친 부분이 가리키는 대상이 나머지 넷과 <u>다른</u> 것은?

①   ②   ③   ④   ⑤

서술형
4 글의 내용과 일치하도록 다음 질문에 답하시오.

Q   Where do students often compete with one another?

A   They often compete in _____.

서술형
5 글의 ⓐ와 ⓑ에 주어진 동사를 어법에 알맞은 형태로 바꾸어 쓰시오.

ⓐ _____

ⓑ _____

30 Art Collaborations

It is well known that certain things go well together. For instance, steak and potatoes make a delicious meal. Vanilla ice cream and chocolate sauce are a wonderful dessert. And a T-shirt and blue jeans are a popular clothing ①combination. But what about art? Can two artists combine their styles in one work of art? 5

Andy Warhol and Jean-Michel Basquiat attempted to find out once. Between 1980 and 1986, Warhol, a pop artist, and Basquiat, a graffiti artist, ②competed on several projects. In one instance, Warhol painted the Olympic rings. Then, Basquiat added his own colorful images. Warhol was already famous then. But his work with Basquiat helped ⓐthe 10 younger man become one of the most ③prominent Neo-Expressionist artists of the 1980s.

Decades earlier in 1949, Pablo Picasso and Gjon Mili also collaborated. Picasso used an electric light in a dark room. He waved the light around as if he was drawing images in the air. Mili, a photographer, used two 15 cameras that could ④capture the light images on film. When he developed the film, the pictures showed Picasso along with lines of light showing various images. These collaborations show that art genres can indeed be successfully ⑤combined.

Structures

10행 **help + 목적어 + (to)동사원형**
help는 5형식 문장에서 목적격보어로 동사원형 또는 to부정사를 취한다. 해석은 '~가 …하는 것을 돕다'라고 한다.
ex I **helped my brother (to) do** his homework. 나는 내 남동생이 숙제하는 것을 도와주었다.
She **helped me (to) choose** some new shoes. 그녀는 내가 새 신발을 고르는 것을 도와주었다.

1 글의 주제로 가장 적절한 것은?

① the world's most famous artists

② a story about a painting by Picasso

③ some famous things that go together

④ art two different artists made together

⑤ the combining of pop art and graffiti

수능형
2 글의 밑줄 친 부분 중, 문맥상 낱말의 쓰임이 적절하지 <u>않은</u> 것은?

①   ②   ③   ④   ⑤

3 What can be inferred from the passage?

① Mili taught Picasso how to take pictures.

② Picasso and Mili only made one picture together.

③ Warhol and Picasso collaborated on some artwork.

④ The collaboration Basquiat and Warhol made was stolen.

⑤ Basquiat was less famous than Warhol when they met.

서술형
4 글의 밑줄 친 ⓐ<u>the younger man</u>이 가리키는 것을 본문에서 찾아 쓰시오.

_____

서술형
5 글의 내용과 일치하도록 빈칸에 알맞은 단어를 본문에서 찾아 쓰시오.

The _____ between Pablo Picasso and Gjon Mili shows that two artists can _____ their styles into one work of art.

31 The Three Kiwis

Visit New Zealand, and you might see a kiwi. This small flightless bird is easily recognizable due to its long beak. The kiwi holds great importance to the native Maori, who ate it and used its feathers.

In the 1800s, New Zealanders, who were proud of the kiwi, began associating themselves with it. It was used as a symbol by military organizations as well as by cities, clubs, and organizations. The bird appears on the New Zealand one-dollar coin, and the country's money is referred to as the kiwi. 5

It should come as no surprise that New Zealanders are collectively known as kiwis. While some people might object to being called a bird, 10 this is no problem for New Zealanders. In fact, most of them are proud of their nickname. Interestingly, there is a third kiwi: the fruit. Native to China, it was transported to New Zealand in the twentieth century. Then, it was planted and cultivated to be sold commercially.

The fruit was originally called the Chinese gooseberry, but New 15 Zealanders called it the kiwifruit to associate it with their country. Today, most people around the world call it a kiwi. But you will never hear it call that in New Zealand. There, a kiwifruit is the fruit whereas a kiwi is either the bird or a New Zealander. 20

Structures

10행 object to + -ing vs. refuse + to-v

「object to + -ing」와 「refuse + to-v」는 각각 '~하는 것을 반대하다'와 '~하는 것을 거부하다'라는 뜻을 나타낸다. 전자는 to 다음에 동명사를, 후자는 to부정사를 쓰는 것에 유의한다.

ex He **objects to being** called my assistant. 그는 내 조수라고 불리는 것에 반대한다.

She **refuses to eat** any meat because she is a vegetarian.
그녀는 채식주의자라서 어떤 고기도 먹는 것을 거부한다.

1 글의 주제로 가장 적절한 것은?

① the reason New Zealanders are called kiwis

② the difference between the kiwi and the kiwifruit

③ the origin of the word kiwi

④ the appearance of the kiwi bird

⑤ the different types of kiwis in New Zealand

2 **What is NOT true about the kiwi?**

① 뉴질랜드의 많은 도시들의 상징이다.

② 뉴질랜드 사람들이 과일 이름으로 쓰는 말이다.

③ 날지 못하는 새 이름이다.

④ 뉴질랜드의 돈 이름이다.

⑤ 뉴질랜드 동전에서 볼 수 있다.

3 글의 내용과 일치하면 T, 그렇지 않으면 F를 쓰시오.

(1) The kiwi bird has little importance to the Maori people.   _____

(2) The kiwifruit was taken to New Zealand in the twentieth   _____
century.

4 글의 내용과 일치하도록 다음 질문에 답하시오.

Q What was the kiwifruit originally called?

A It was originally called _____.

5 밑줄 친 문장을 읽고 <u>틀린</u> 부분을 찾아 바르게 고쳐 쓰시오.

_____ → _____

 뉴질랜드 (New Zealand)

뉴질랜드는 호주에서 약 2,000km 떨어져 있는 섬나라이다. 뉴질랜드는 아름다운 자연 경관으로 유명하다.
숲, 강, 호수, 화산과, 온천, 빙하에 이르기까지 아주 다양한 자연환경을 갖추고 있다. 뉴질랜드는 '평범한,
보통'이라는 뜻을 가진 '마오리' 원주민들과 영국, 네덜란드, 독일 등에서 이주해 온 유럽인들 그리고 아시아
이민자들로 이루어 진 나라이다. 지구 남반구에 위치하여 북반구에 위치한 우리나라와 계절이 반대이다.

32 The Hotel Puerta América

When tourists traveling to Madrid, Spain, research where to go there, they are often surprised. On the list of tourist attractions is a hotel. Normally, tourists are told which hotels to stay at. ___(A)___ in the case of the Puerta América, they are advised to go sightseeing there.

The hotel, which opened in 2006, was designed in a unique way. ___(B)___ having a single architectural firm design the hotel, nineteen architecture and design studios from thirteen different countries worked on it. The result is a masterpiece of avant-garde design and architecture.

The reason that the hotel was designed in this manner is simple. The concept was to create a hotel containing different perspectives on architecture, art, and design. Some of the architects who participated were among the world's most famous. They include Jean Nouvel, Norman Foster, Javier Mariscal, and Zaha Hadid.

People who visit the hotel are amazed. To them, it is as if they have entered a museum of modern architecture and design. The best part for guests is that they get to live temporarily inside the designs themselves. For those who return, they have the opportunity to stay on a different floor and therefore experience another architect's vision.

5

10

15

Structures

9행 **동격 the reason that ~**

the reason that은 '~한 이유'라는 뜻을 나타낸다. that 이하는 선행사 the reason을 보충 설명하는 동격절이다.

ex Please tell us **the reason that** you left us without saying goodbye.
당신이 작별 인사 없이 떠난 이유를 우리에게 말해 줘요.
The reason that he did not go is that it was raining. 그가 가지 않았던 이유는 비가 오고 있었기 때문이다.

1   What is NOT true about the Hotel Puerta América?

① Jean Nouvel helped design it.

② It was originally an architecture museum.

③ It is considered a tourist attraction.

④ Many designers worked on it.

⑤ It is located in Madrid, Spain.

수능형
2   What are the best choices for the blanks?

(A)	(B)
① But	...... Instead of
② So	...... Instead of
③ But	...... In addition to
④ So	...... In addition to
⑤ And	...... In addition to

서술형
3   What was the design concept of the Hotel Puerta América?

→ It was to create a hotel containing _____

_____ .

서술형
4   Find the word in the passage which has the given meaning.

> *n.* a way of looking at, representing, or interpreting something

_____

Summary
Fill in the blanks by using the words below.

concept	museum	famous	attraction

The Hotel Puerta América is a tourist _____ in Madrid, Spain. Nineteen architecture and design studios from thirteen different countries worked on it. The _____ was to create a hotel containing different perspectives on architecture, art, and design. Many _____ architects worked on it. To visitors, going to the hotel is like entering a(n) _____ of modern architecture and design.

Focus on Sentences

A   다음 문장을 밑줄 친 부분에 유의하여 우리말로 해석하시오.

1   They <u>get people to appreciate</u> their opponents.

_____

2   His work with Basquiat <u>helped the younger man become</u> one of the most prominent artists.

_____

3   While some people might <u>object to being</u> called a bird, this is no problem for New Zealanders.

_____

4   <u>The reason that</u> the hotel was designed in this manner is simple.

_____

B   우리말과 같은 뜻이 되도록 주어진 말을 바르게 배열하시오.

1   어떤 사람들은 경쟁을 나쁘다고 여기지만 경쟁은 긍정적일 수도 있다.

_____, but they can be positive as well.
        (bad, consider, people, to, rivalries, some, be)

2   1800년대에 뉴질랜드 사람들은 자기 자신들을 키위와 연관 짓기 시작했다.

In the 1800s, New Zealanders _____.
                    (themselves, kiwi, associating, with, began)

3   그들에게 그것은 마치 현대 건축 디자인 박물관에 들어간 것과 같을 것이다.

To them, it is _____.
        (and, they, design, modern, if, have, of, as, museum, architecture, entered, a)

C   우리말과 같은 뜻이 되도록 빈칸에 알맞은 말을 쓰시오.

1   학생들은 학급에서와 학문 대회에서 다른 사람과 경쟁할 수도 있다.

Students may _____ _____ one another in classes and academic contests.

2   그 나라의 돈은 키위라고 불린다.

The country's money _____ _____ _____ _____ the kiwi.

3   관광객들은 거기에 관광하러 가라는 조언을 얻는다.

Tourists _____ _____ _____ _____ sightseeing there.

글의 순서

유형 소개
2문항 | 2점 | 난이도 ★★☆

주어진 글 다음에 이어지는 세 개의 글의 순서를 맞추는 유형이다. 대명사나 연결어 등에서 유의하며, 글의 유기적인 흐름이나 논리적 관계를 통해 순서를 파악한다.

유형 공략

Step 1 글의 소재와 주제를 파악한다.
Step 2 글의 연결 고리 역할을 하는 대명사, 연결어, 지시어 등의 단서를 찾는다.
Step 3 글의 흐름과 단서들을 종합하여 유기적인 글의 순서를 정한다.

유형 도전 주어진 글 다음에 이어질 글의 순서로 가장 적절한 것은?

> Creative students can call the existing conclusions in question and challenge the traditions. The development of creativity is the core of a quality education.

(A) On this type of test, students can fully use their knowledge to think about and organize their answers. As a result, their abilities in knowledge application, problem analysis, and creativity will be improved.

(B) So far, unfortunately on most tests, standardized test questions have often been used for the convenience of scoring. These questions can sacrifice the development of creativity. To develop creativity, open questions and multiple-answer questions should be given on tests.

(C) The measurement of students' creativity is difficult to determine on academic achievement tests. On these tests, the key steps for promoting the development of students' creativity are the design and grading of the questions.

① (A)-(C)-(B) ② (B)-(A)-(C) ③ (B)-(C)-(A)
④ (C)-(A)-(B) ⑤ (C)-(B)-(A)

변형 문제 창의성을 발달시키기 위한 질문 유형 두 가지를 쓰시오.

_____

---

conclusion 결론 | **core** 핵심 | **organize** 구성하다 | **application** 적용 | **analysis** 분석 | **standardized** 표준화된 | **sacrifice** 희생하다 | **multiple** 다수의 | **measurement** 측정 | **academic** 학문의

MEMO

내공
고등영어독해
정답 및 해설

BURGER

기본

내공
고등영어독해

기본

정답 및 해설

DARAKWON

01 St. Jordi's Day

pp. 010 ~ 011

정답   1 ①   2 ④   3 (1) F (2) T   4 여자들에게 책을 주는 것
5 big, holiday, red, roses

지문 해석   매년 4월 23일에 사람들은 성 조지 축일을 기념한다. 성 조지는 전설에 의하면 북부 아프리카의 용을 죽여서 공주를 구한 로마의 군인이다. 영국에서 성 조지 축일은 중요한 휴일이다. 그것은 스페인의 바르셀로나에서도 중요한 날이다.

그 조르디가 조지의 스페인 이름이어서 그 날은 바르셀로나에서는 산 조르디의 날로 불린다. 이 날에는 남자들이 주변의 소중한 여자들에게 장미를 준다. 그들은 자신의 어머니, 할머니, 여자 형제, 여자 친구, 부인, 딸, 그리고 다른 사람들에게 빨간 장미를 준다. 그들은 또한 책도 준다. 이것에는 이유가 있다.

1920년대에 당시 바르셀로나에 살고 있었던 Vicente Clavel은 산 조르디 축일이 William Shakespeare와 Miguel Cervantes가 사망한 날이기도 하다는 것을 깨달았다. 이 사람들은 역사상 가장 위대한 작가들 중 두 사람이었다. 그래서 Clavel은 사람들이 사랑하는 사람들에게 장미에 더하여 책을 주도록 장려했다.

그 생각은 성공적이었다. 요즘에는 바르셀로나에서 산 조르디의 날에 특별한 문학 행사들이 있다. 이것은 작가들의 책 사인회와 위대한 문학 작품 낭독회를 포함한다. 흥미롭게도 역사학자들은 이제 Cervantes가 사실 산 조르디 축일 전날에 사망한 것을 안다. 하지만 그것은 바르셀로나 사람들이 자신들의 고유한 기념 행사에 참여하는 것을 막지 않는다.

문제 해설   **1** 이 글은 바르셀로나의 휴일인 산 조르디 축일에 관해 설명하는 글이므로 '① 산 조르디 축일, 바르셀로나의 특별한 날'이 제목으로 적절하다.

[문제] 글의 제목으로 가장 적절한 것은?
② 왜 사람들은 산 조르디 축일을 기념하는가?
③ 성 조지 축일, 많은 나라들에서의 휴일
④ 한 해 중 가장 중요한 날
⑤ 산 조르디에 관한 전설

2 ④ 사람들이 사랑하는 사람들에게 책을 주도록 장려했다는 의미가 되어야 하므로 to부정사인 to give가 되어야 한다. (「encourage+목적어+to-v」: ~가 …하도록 장려하다)
① 선행사가 사람인 경우에 쓰는 주격 관계대명사
② 현재 수동태: 「am/are/is+p.p.」
③ 의미상 위대한 작가들 중 2명이므로 복수형을 씀
⑤ 명사절을 이끄는 접속사 that

3 (1) 성 조지는 전설에 의하면 북부 아프리카의 용을 죽여서 공주를 구한 로마의 군인이다. (2~4행)
(2) 역사학자들이 이제 세르반테스가 사실 산 조르디 축일 전날에 사망한 것을 안다고 했다. (18~19행)

⑴ 성 조지는 공주와 결혼한 로마 군인이었다.
⑵ 세르반테스는 사실 산 조르디 축일에 사망하지 않았다.

4 this는 앞에 나온 내용인 여자들에게 책을 주는 것을 가리킨다.

5 성 조지는 바르셀로나에서는 산 조르디라고 불리는데, 거기에서는 산 조르디 축일이 <u>중요한</u> 휴일이다. 남자들은 그 때 여자들에게 <u>빨간</u> 장미와 책을 준다.

2행 St. George was a Roman soldier **who**, *according to legend*, killed a dragon in North Africa and saved a princess.

- who는 주격 관계대명사로, 선행사는 a Roman soldier이다.
- according to legend는 문장에 내용을 더하기 위해 삽입된 구이다. 앞뒤에 ',(콤마)'를 붙여 원래 문장과 구분한다.

7행 Jordi is the Spanish name for George, so the day **is called** St. Jordi's Day in Barcelona.

- 현재 수동태는 「am/are/is+p.p.」의 형태로, '~되다'라는 뜻이다.

11행 In the 1920s, Vicente Clavel, **who** was living in Barcelona at the time, realized *that* St. Jordi's Day was also the death day of William Shakespeare and Miguel Cervantes.

- who는 주격 관계대명사로, 선행사는 Vicente Clavel이다.
- that은 명사절을 이끄는 접속사이다. that 이하의 내용은 동사 realize의 목적어 역할을 한다.

02 The Bark Rangers

pp. 012~013

정답 1 ⑤ 2 ③ 3 ④ 4 ⓐ visitors ⓑ park rangers 5 get to various places

지문 해석

미국에서는 모든 국립공원에 공원 관리원들이 있다. 그들은 정보를 주는 것에서부터 위험한 상황에서 구조하는 것에 이르기까지 방문객들에게 도움을 제공한다. 그들은 또한 모든 일이 잘 돌아가고 있는지 확인하기 위해서 공원 주변을 자주 돌아다닌다.

디날리 국립공원은 알래스카주에 있다. 그곳은 2백만 에이커가 넘는 야생 지역을 갖고 있다. 공원에는 도로가 거의 없다. 게다가 그곳의 많은 부분이 1년 중 대부분 눈으로 덮여 있어서 공원 관리원들은 차를 운전하거나 자전거나 오토바이를 탈 수 없다. 공원은 걷기에는 너무 크다. 게다가 스노모바일은 겨울에는 대부분 허용되지 않는다. 그 이유는 충분한 눈이 없으면 현지 환경이 기계에 의해 훼손될 수 있기 때문이다. 그래서 인간 관리원들은 공원 관리견, 즉 시베리언 허스키 썰매개를 사용한다.

개들은 1922년부터 디날리 국립공원에서 공원 관리원으로 일해 왔다. 그곳은 미국에서 공원 관리견이 있는 유일한 공원이다. 개들은 관리원들이 여러 장소로 이동하게 하기 위해서 공원을 누비며 썰매를 끈다. 공원 관리견 덕분에 공원 관리원들은 그 지역을 순찰하고 방문객들을 확인할 수 있다. 그것은 힘든 일이지만 개들은 그 일을 매우 좋아한다.

문제 해설

1 공원 관리원(park ranger)의 공원 내 이동을 돕기 위해 공원 관리견(bark ranger)을 활용하는 디날리 국립공원에 관해 소개하고 있으므로, ⑤ '국립공원에서 개가 어떻게 사용되는지 알려 주기 위해서'가 글의 목적으로 가장 적절하다.

[문제] 글의 주된 목적은?
① 공원 관리원들의 활동을 설명하기 위해서
② 디날리 국립공원의 관광을 홍보하기 위해서
③ 개들이 썰매 끄는 것을 어떻게 훈련받는지 설명하기 위해서
④ 공원 관리원들이 개를 사용해서는 안 된다는 것을 주장하기 위해서

2 빈칸이 있는 문장들은 둘 다 앞의 문장에 덧붙여 설명하는 내용이므로, '게다가, 덧붙여'라는 뜻의 첨가를 나타내는 연결사인 ③ In addition이 들어가는 것이 가장 적절하다.

① 예를 들어 ② 그 결과 ④ 그와는 반대로 ⑤ 다른 한편으로는

3 1922년은 디날리 국립공원에서 개를 공원 관리원으로 사용하기 시작한 연도로 언급되었다. 따라서 ④ '그곳은 1922년에 국립공원이 되었다.'가 글의 내용과 일치하지 않는다. (15~16행)

① 그곳은 알래스카주에 위치하고 있다. (7행)
② 그곳은 도로가 많지 않다. (8행)

③ 그곳은 겨울철에 스노모바일 사용을 금지한다. (11~12행)
⑤ 그곳의 관리원들은 이동하기 위해서 썰매견을 사용한다. (17행)

4 ⓐthem은 앞에 나오는 visitors를 가리키고, ⓑThey는 첫 문장에 나온 park rangers를 가리킨다.

5 개들은 공원 관리원들이 여러 장소로 이동하게 하기 위해서 공원을 누비며 썰매를 끈다고 했다. (17행)

　Q 디날리 국립공원의 공원 관리견들은 공원 관리원들을 어떻게 돕는가?
　A 그들은 공원 관리원들이 <u>여러 장소로 이동하게</u> 한다.

구문 해설　**2행** They provide assistance to visitors from *giving* **them information** to *rescuing* them from dangerous situations.
　　• give가 간접목적어(them)와 직접목적어(information)의 두 개의 목적어를 갖는 수여동사로 쓰였다.
　　• giving과 rescuing은 각각 전치사의 목적어로 쓰인 동명사이다.

　15행 Dogs **have worked** as park rangers in Denali National Park *since* 1922.
　　• have worked는 현재완료의 계속 용법으로, 1922년부터 지금까지 계속되고 있는 일을 나타낸다.
　　• 계속을 나타내는 현재완료는 주로 since, for 등과 함께 쓰인다.

　16행 It is the only park in the United States **that** has canine rangers.
　　• that은 주격 관계대명사로, 선행사는 바로 앞의 the United States가 아니라 the only park이다. 선행사에 the only가 쓰이는 경우 관계대명사는 주로 that을 사용한다.

　17행 The dogs pull sleds through the park to **let rangers get** to various places.
　　• 「let+목적어+동사원형」은 '~가 …하게 (허락)하다'라는 뜻이다.

03　eSports

pp. 014 ~ 015

정답　1 ②　　　2 ②　　　3 ⑤　　　4 knowing → known
　　　5 There is even talk of including them in the Olympics in 2024.

지문 해석　　온갖 종류의 스포츠 경기가 있다. 사람들은 축구, 야구, 그리고 농구와 같은 단체 경기에 참가한다. 골프, 달리기, 그리고 수영과 같은 개인 경기도 인기가 있다. 요즘에는 또 다른 종류의 스포츠가 인기를 얻고 있다. 그것은 바로 e스포츠이다.
　　e스포츠(eSports)는 전자 스포츠(electronic sports)로도 알려져 있고, 비디오 게임을 포함하는 스포츠 경기이다. 첫 번째 비디오 게임은 1970년대에 나왔다. 그 이후로, 그것은 품질과 인기 모두를 향상시켰다. 요즘에는 수억 명의 사람들이 비디오 게임을 한다. 그 결과 전 세계적으로 수많은 e스포츠 대회들이 있다.
　　참가자들은 슈팅 게임, 대전 게임, 실시간 전략 게임, 그리고 다른 종류의 게임들을 한다. 한국 같은 나라들에서 e스포츠는 극도로 인기가 많다. 수천 명의 사람들이 직접 대회에 참가하는 동시에 상당수의 다른 사람들은 텔레비전과 온라인으로 e스포츠 게임을 본다. League of Legends와 Dota 2는 사람들이 하는 가장 인기 많은 비디오 게임들 중 두 개이다. 대회는 진지하다. 2017년에 미국에서 열린 Dota 2 대회는 상금으로 총 2천 4백만 달러를 내놓았다.
　　오늘날에는 3억 명이 넘는 사람들이 e스포츠에 참가한다고 추정된다. 그것은 매우 인기가 있어서 2022년 중국 아시아 게임에서 정식 종목이 될 것이다. 2024년에는 올림픽에 e스포츠를 포함시키자는 이야기도 있다.

문제 해설　1 이 글은 e스포츠의 인기에 관해 설명하는 글이므로 정답은 ② 'e스포츠의 인기'가 적절하다.
　　　[문제] 글의 주제로 가장 적절한 것은?
　　　　① e스포츠를 하는 방법

③ e스포츠의 중요성

④ 어떤 사람들이 e스포츠를 즐기는가

⑤ e스포츠 대회들

2 주어진 문장이 첫 번째 비디오 게임이 나온 시기에 관한 내용이므로, 그 이후로 e스포츠가 품질뿐만 아니라 인기도 향상시켰다는 문장 앞인 ②에 들어가는 것이 흐름상 자연스럽다.

첫 번째 비디오 게임은 1970년대에 나왔다.

3 전 세계적으로 수많은 e스포츠 대회가 있다는 언급은 있지만 대회의 개수는 언급되지 않았다.

① e스포츠는 언제 정식 종목이 될 것인가? (20~21행)

② 가장 인기 있는 비디오 게임 2개의 이름은 무엇인가? (16행)

③ 요즘에 얼마나 많은 사람들이 e스포츠에 참여하는가? (14~15행)

④ 2017년에 미국에서 열린 Dota 2 대회는 상금으로 얼마를 걸었는가? (17~18행)

⑤ 전 세계적으로 얼마나 많은 e스포츠 대회가 있는가? (×)

4 의미상 'e스포츠라고 알려진'으로 수동의 의미가 되어야 하므로 현재분사 knowing을 과거분사 known으로 바꿔야 한다.

5 '~가 있다'라는 뜻의 'There is ~.'를 쓰는 문장이다.

구문 해설 **8행** Since then, they **have increased** in *both quality and popularity*.

• 그 때로부터 품질과 인기가 계속 증가했다는 의미를 나타내기 위해 계속적 용법의 현재완료를 썼다.

• both A and B는 'A와 B 둘 다'라는 뜻을 나타내는 상관접속사이다.

14행 Thousands attend competitions in person **while** large numbers of others watch events on television and online.

• 여기서 while은 시간을 나타내는 접속사로, '~하는 동시에'라는 뜻을 나타낸다.

16행 League of Legends and Dota 2 are two of the most popular video **games (that) people** play.

• games와 people 사이에 목적격 관계대명사 that이 생략되어 있다.

19행 **It is estimated that** more than 300 million people participate in eSports today.

• 이 문장은 원래 'That more than 300 million people participate in eSports today is estimated by them.'의 형태이다. 그런데 영어의 주어는 짧고 간결하게 나타내는 경향이 있으므로, 가주어 it을 사용하고 진주어인 that절을 문장의 맨 뒤로 보내서 현재의 문장을 만들었다.

04 Rotten Tomatoes

pp. 016 ~ 017

정답 1 ④ 2 ③ 3 60% of the reviews to be positive 4 compile

Summary disapproval, reviews, professionals, positive

지문 해석 과거에 연극이나 오페라와 같은 공연의 관객들은 자신의 반감을 보여 주는 독특한 방법이 있었다. 그들은 공연이 마음에 들지 않으면 무대 위의 사람들에게 종종 물건을 던졌다. 많은 경우에 관객들은 그들에게 썩은 토마토를 던졌다.

그렇다면 당신은 로튼 토마토라는 이름이 붙은 웹사이트가 부정적일 것이라고 상상할 것이다, 그렇지 않은가? 사실은 그 웹사이트는 긍정적인 측면과 부정적인 측면 모두에 초점을 맞춘다. 로튼 토마토는 세계에서 가장 인기 있는 웹사이트 중 하나이다. 거기에는 영화들에 대한 평가가 들어있다. 그것은 일반인이 자신이 보는 영화에 대한 평가를 할 수 있게 한다. 그것은 또한 전문가들이 쓴 영화 평론을 모은 다음 그것에 대한 점수를 집계한다.

로튼 토마토는 독특한 평가 제도를 가졌다. 영화는 '신선함 보증', '신선함', 그리고 '썩음'으로 평가된다. '신선함

정답 및 해설 5

보증'으로 평가 받기 위해서는 평가의 70퍼센트가 긍정적이어야 한다. 또한 상위 평가자들로부터 적어도 5개의 긍정적인 평가를 받아야 한다. 이 사람들은 보통 신문의 칼럼이나 텔레비전 쇼가 있는(신문에 칼럼을 쓰거나 텔레비전 쇼에 나가는) 유명한 사람들이다. '신선함'으로 여겨지려면 평가의 60퍼센트만 긍정적이면 된다. 만약 평가의 60퍼센트 미만이 긍정적이라면 그 영화는 '썩음'의 꼬리표가 붙는다. 그것은 긍정적인 평가는 아닐 수 있지만 적어도 아무도 공연자들에게 어떤 것도 던지지 않는다.

문제 해설

1 이 글은 영화들의 평가를 올리는 웹사이트인 로튼 토마토에 관해 설명하는 글이므로 주제 ④ '영화 평가가 있는 웹사이트'가 적절하다.

[문제] 글의 주제로 가장 적절한 것은?
① 로튼 토마토에서 최고 등급을 얻는 법
② 극장에서의 썩은 토마토의 역사
③ 요즘 가장 인기 있는 영화들
⑤ 로튼 토마토에 평가를 남기는 법

2 사람들이 공연이 마음에 들지 않으면 배우들에게 던졌던 '썩은 토마토'에 기인하여 만들어진 웹사이트 이름이므로 그 사이트가 '부정적인' 곳이라고 상상할 것이라는 내용이 되는 게 흐름상 알맞다. 따라서 빈칸에는 ③'부정적인'이 들어가야 한다.

[문제] 빈칸에 들어갈 가장 적절한 단어는?
① 폭력적인 ② 보증된 ④ 긍정적인 ⑤ 도전적인

3 '신선함'으로 여겨지려면 평가의 60퍼센트만 긍정적이면 된다고 했다. (17~18행)

[문제] 영화가 '신선함'이라고 여겨지려면 어떻게 해야 하는가?
→ 평가의 60퍼센트가 긍정적이어야 한다.

4 '수집하는 것, 함께 모으는 것'이라는 뜻을 가진 단어는 compile(수집하다)이다. (12행)

[문제] 다음 주어진 뜻을 가진 단어를 글에서 찾아 쓰시오.

Summary [문제] 아래 주어진 단어나 어구를 활용해 빈칸을 채우시오.

평가들	긍정적인	전문가들	반감

과거에 사람들은 공연자들에게 자신들의 <u>반감</u>을 보여주기 위해 썩은 토마토를 던졌다. 오늘날 로튼 토마토라는 웹사이트는 인기가 있다. 거기에는 영화들에 대한 <u>평가들</u>이 있다. 그것은 일반인들이 평가를 하게 하고 <u>전문가들</u>의 평가를 수집한다. 로튼 토마토의 평가 제도는 '신선함 보증', '신선함', 그리고 '썩음'을 사용한다. 평가의 60퍼센트 미만이 긍정적일 때, 영화에 '썩음'이라는 꼬리표가 붙는다.

구문 해설

1행 In the past, audiences at theatrical performances **such as** plays and operas had unique ways *to show* their disapproval.
- such as는 '예를 들어, ~와 같은'이라는 의미를 나타낸다.
- to show는 형용사적 용법으로 쓰인 to부정사로, 앞에 있는 unique ways를 꾸민다.

7행 So you **would** imagine that a website *named Rotten Tomatoes* would be negative, wouldn't you?
- 여기서 would는 '~할 것이다'라는 의미로, 추측을 나타내는 조동사이다.
- named Rotten Tomatoes의 과거분사구는 앞에 있는 a website를 꾸민다.

10행 It **lets regular people give** reviews of the *movies* (*that*) they watch.
- 「let+목적어+동사원형」은 '~가 …하게 허락하다'라는 의미를 나타낸다. let은 사역동사이므로 목적격보어로 동사원형을 취한다.
- movies와 they 사이에 목적격 관계대명사 that이 생략되어 있다.

p. 018

A
1 그것은 바르셀로나 사람들이 자신들의 고유한 기념 행사에 참여하는 것을 막지 않는다.
2 게다가 그곳의 많은 부분이 1년 중 대부분 눈으로 덮여 있다.
3 그것은 매우 인기가 있어서 2022년 중국 아시아 게임에서 정식 종목이 될 것이다.
4 당신은 로튼 토마토라는 이름이 붙은 웹사이트가 부정적일 것이라고 상상할 것이다, 그렇지 않은가?

B
1 Dogs have worked as park rangers in Denali National Park since 1922.
2 It is estimated that more than 300 million people participate in eSports today.
3 It lets regular people give reviews of the movies they watch.

C
1 Clavel encouraged people to give books to their loved ones in addition to roses.
2 The park rangers can check up on visitors.
3 People participate in team sports such as soccer, baseball, and basketball.

p. 019

유형 도전   ④

변형 문제   과육이 마른 상태로 나오지 않는다.

지문 해석   고객님께
우리는 귀하의 편지를 받았으며, 귀하가 겪는 문제점에 대해서 매우 죄송하게 생각합니다. 주서를 관리하고 모든 부속이 반드시 청결한 상태를 유지하는 것이 중요합니다. 그것은 많은 문제점들을 없애는 데 도움을 줄 수 있습니다. 그러나 시간이 흐르면 주서를 사용할 때 별로 상태가 좋아 보이지 않는 몇 가지 점을 발견할 수 있습니다. 당황하지 마세요. 귀하의 주서를 사용하려고 준비할 때, 즙을 짜는데 있어서의 문제점을 예방하는 몇 가지 방법이 있습니다. 귀하는 주서에서 나오는 과육이 더 이상 마른 상태로 나오지 않는다고 말했습니다. 이런 경우 필터를 청소하는 것이 정말로 도움이 될 수 있습니다. 만약, 필터를 청소한 뒤에, 과육이 여전히 젖어 있다면, 새로운 필터 바구니를 살 때일 겁니다. 귀하의 필터 바구니가 정말 오래되었다면, 새로운 것을 구입하는 것을 고려해 보세요. 필터 바구니를 교체하면, 커다란 차이를 볼 수 있을 겁니다. 더 많은 정보를 원하신다면, 다시 우리에게 연락해 주세요.

문제 해설   주서에서 나오는 과육이 마른 상태가 아닌 경우 해결할 수 있는 방법에 대해서 설명하고 있으므로, 글의 목적으로 ④가 적절하다.

변형 문제   pulp from the juicer doesn't come out dry anymore에서 답을 찾을 수 있다. (6~7행)

구문 해설   **2행** It's important **to** [*take care of the juicer*] and [*make sure all the parts are clean*].
• It은 형식상의 주어이고 to부정사가 이하는 내용상의 주어이다.
• 두 개의 [ ]는 접속사 and에 의해서 병렬적으로 연결되고 있다.

4행 However, as you use your juicer, over time, you may notice a few things [**that don't seem quite right**].
• [ ]로 표시된 부분은 a few things를 수식하는 관계절이다.

7행 In this case, **cleaning the filter** can really help.
• 동명사구인 cleaning the filter가 문장의 주어로 사용되었다.

05   A New Type of Pet

pp. 022 ~ 023

정답   1 ③   2 ②   3 ④   4 recognize its owner's face   5 ⓐ making ⓑ running

지문 해석   어떤 사람들은 개를 키우고 싶어하지만 어떤 이유 때문에 키울 수 없다. 예를 들어, 그들은 개털에 알레르기가 있을 수 있는 반면 다른 사람들은 애완동물을 허락하지 않는 곳에 살 수도 있다. 다행히 그들은 이런 문제들 중 어떤 것도 야기하지 않는 애완동물을 키울 수 있다.

아이보는 소니가 만든 애완 로봇이다. 최신 버전은 4세대이다. (A) 첫 번째는 1999년에 나왔지만 얼굴의 특징이 부족해서 금속으로 된 로봇처럼 보였다. (C) 하지만 새로운 아이보는 훨씬 다르다. (B) 흰 몸통과 갈색 꼬리와 귀를 가진 최신 아이보는 다른 이전 버전들보다 훨씬 진짜 개처럼 보인다. 그것은 사실적인 움직임과 소리도 만들어 낼 수 있다.

아이보가 사용하는 선진 기술 덕분에 그것은 눈으로 표현을 할 수 있다. 그것의 눈에 있는 카메라는 개개인의 얼굴도 인식할 수 있다. 시간이 흐르면 그 로봇은 주인의 집의 배치를 배울 수 있어서 물건들을 향해 뛰어드는 일을 피할 것이다. 아이보는 또한 주인의 얼굴을 인식하기 위해 인공 지능을 사용한다. 이것은 주인과 감정적인 유대를 형성하게 한다. 그것은 음성 명령에 반응할 수 있고 묘기를 배울 수도 있다.

현재로서는 아이보는 일본에서만 구할 수 있다. 하지만 개선이 계속되고 있기 때문에 애완 로봇은 전세계적으로 반드시 인기를 얻을 것이다.

문제 해설   1 이 글은 일본 회사 소니가 만든 로봇 애완견인 아이보에 관한 글이므로, ③ '아이보, 로봇 애완동물'이 글의 제목으로 가장 적절하다.

[문제] 글의 제목으로 가장 적절한 것은?
① 로봇 애완동물 대 진짜 애완동물
② 아이보는 어떻게 생겼는가?
④ 발전된 기술과 로봇
⑤ 가장 인기 있는 일본 애완동물

2 첫 번째로 나온 아이보는 로봇처럼 보였지만, 새로운 아이보는 그것과 많이 다르고, 외견상으로 이전 버전들보다 훨씬 진짜 개처럼 보인다는 흐름이 적절하므로 정답으로는 ②가 알맞다.

3 아이보가 주인의 건강 상태를 체크할 수 있다는 언급은 글에 나오지 않았으므로 정답으로는 ④가 알맞다.

4 아이보는 주인의 얼굴을 인식하기 위해 인공 지능을 사용한다고 했다. (16~17행)

Q 아이보는 인공 지능을 어떻게 사용하는가?
A 그것은 <u>주인의 얼굴을 인식하기 위해</u> 인공 지능을 사용한다.

5 ⓐ 전치사 of 다음에 동사가 올 경우 동명사의 형태를 취해야 한다. 따라서 make를 동명사 making으로 고친다.
ⓑ '~하는 것을 피하다'라는 의미로 「avoid+동명사」를 쓴다. 따라서 run을 running으로 고친다.

구문 해설   **11행** The new Aibo is much different **though**.
• 여기서 though는 '그렇지만, 하지만'이라는 뜻을 나타내는 부사이다.

13행 **Thanks to** the advanced *technology* (*that*) Aibo uses, it can make expressions with its eyes.
• thanks to는 '~ 덕분에'라는 뜻을 나타낸다.
• technology와 Aibo 사이에 목적격 관계대명사 that이 생략되어 있다.

17행 This **lets it form** an emotional bond with its owner.

- 「let+목적어+동사원형」은 '~가 …하게 허락하다'라는 의미를 나타낸다. let은 사역동사이므로 목적격보어로 동사원형을 취한다.

19행 But **as** improvements *keep being* made, pet robots will surely become popular around the world.
- 여기서 as는 '~ 때문에, ~이므로'라는 뜻으로, 이유를 나타내는 접속사이다.
- 「keep+-ing」는 '계속 ~하다'라는 뜻을 나타낸다.

---

06 Denmark's Fat Tax

pp. 024 ~ 025

정답
1 ②   2 ④   3 (1) T (2) F   4 overweight, unhealthy
5 The Danish government expected something similar to happen.

지문 해석   만약 당신이 좋아하는 음식의 가격이 갑자기 오른다면 당신의 기분은 어떻겠는가? 당신은 아마도 불행할 것이다. 그것이 바로 2011년 말에 덴마크 사람들에게 일어난 일이다. 덴마크 정부는 비만세를 도입했다. 그것은 간식을 포함하는 수많은 물품의 가격을 올렸다. 그 결과, 많은 덴마크 사람들은 더 낮은 가격에 자신이 좋아하는 간식을 사기 위해 인접한 노르웨이와 독일로 여행을 가기 시작했다.

덴마크 정부에 따르면 덴마크는 비만 위기에 시달리고 있었다. 너무 많은 덴마크 사람들이 포화 지방이 든 음식을 먹고 있었다. 그래서 그들은 과체중이 되고 건강하지 않게 되고 있었다. 정부는 설탕과 칼로리가 많이 든 특정 음식을 더 비싸게 하기 위해 세금을 제의했다. 이것이 사람들로 하여금 정크 푸드를 더 적게 사도록 할 것이라고 생각되었다.

그것은 담배에 세금을 도입한 많은 나라에서 일어난 일이다. 담뱃값이 오를수록 더 적은 사람들이 담배를 피웠다. 덴마크 정부는 비슷한 일이 일어나리라고 예상했다. 그 대신 사람들은 화가 났다. 회사들 또한 매출이 줄었기 때문에 그 세금을 싫어했다.

결국 정부는 1년 후에 세금을 무효화했다. 정부는 또한 설탕세를 도입하려는 계획도 중지했다. 이 조치들은 많은 덴마크 사람들을 행복하게 만들었지만 비만 문제를 해결하는 일은 아무 것도 하지 못했다.

문제 해설   1 이 글은 덴마크에 비만세를 도입한 이유와 비만세 도입 후에 일어난 일을 설명하는 글이므로 정답은 ② '덴마크에서의 비만세에 대한 반응들'이 적절하다.
① 덴마크 사람들이 내는 세금의 종류
③ 정부에 대한 덴마크의 시위
④ 담배와 비만세
⑤ 덴마크의 비만 위기

2 앞 문장에서 수많은 물품의 가격이 올랐다는 내용이 나오고, 뒷 문장에서는 물품의 가격이 오른 결과 사람들이 인접 국가에 물건을 사러 가게 되었다는 내용이 나오므로 (A)에는 '그 결과'라는 뜻의 말이 들어가야 한다. (B) 이후에는 비만세 도입 후 최종적으로 일어난 일에 대한 내용이 나오므로 (B)에는 '결국'이라는 뜻의 말이 들어가야 한다.
① 다시 말해서 – 게다가 ② 다시 말해서 – 결국 ③ 이것에도 불구하고 – 게다가 ④ 그 결과 – 결국 ⑤ 그 결과 – 사전에

3 (1) 덴마크 정부는 비만 위기에 시달리던 덴마크 사람들이 설탕과 칼로리가 많이 든 정크 푸드를 사지 않게 하기 위해 비만세를 도입했다고 했다. (12~14행)
(2) 담배세를 도입한 나라에서는 세금 때문에 담뱃값이 오르자 더 적은 사람들이 담배를 피웠다고 했다. (15~16행)
[문제] 문장이 옳은 내용이면 T를, 틀린 내용이면 F를 쓰시오.
(1) 정부는 사람들이 정크 푸드를 더 적게 사게 만들기 위해 비만세를 원했다.
(2) 담배세는 더 많은 사람들이 담배를 피우는 결과를 초래했다.

4 너무 많은 덴마크인들이 포화 지방이 든 음식을 먹어 과체중이 되어 건강이 나빠지게 되었다고 했다. (11~12행)

Q 포화 지방이 든 음식을 먹은 덴마크 사람들에게는 무슨 일이 일어났는가?

A 그들은 <u>과체중이 되고 건강하지 않게</u> 되었다.

5 '~가 …할 것이라 예상하다'는 「expect＋목적어＋to-v」로 쓴다. something은 형용사가 뒤에서 꾸미는 것에 주의한다.

구문 해설 **1행** How **would** you **feel if** the prices of your favorite foods suddenly **rose**?
- 「If＋주어＋동사의 과거형, 주어＋would＋동사원형」은 현재 가능성이 없는 것에 대해 상상할 때 쓰는 가정법 과거 구문이다.

14행 **It** was believed **that this would** *cause people to buy* less junk food.
- that이 이끄는 명사절이 진주어인 수동태 문장이다. 진주어가 길기 때문에 가주어 it을 주어 자리에 대신 썼다.
- 「cause＋목적어＋to-v」 구문은 '~가 …하게 하다'라는 의미를 나타낸다.

16행 **As** the prices of cigarettes went up, fewer people smoked.
- 여기서 as는 '~할수록, ~함에 따라'라는 뜻을 나타내는 접속사로 쓰였다.

19행 It also stopped **plans to introduce** a sugar tax.
- to introduce는 형용사적 용법의 to부정사로 plans를 꾸민다.

07 Webtoons

pp. 026 ~ 027

정답　1 ③　　2 ②　　3 ④　　4 animation or music that plays
5 웹툰이 흔히 컬러로 공개되는 것

지문 해설　　한국에서는 어디에서나 만화책을 찾을 수 있다. 총 도서 판매량의 약 4분의 1이 만화책이다. 만화책 판매가 높은 동시에, 온라인 만화 판매 역시 그렇다. 웹툰으로 알려진 이런 만화는 한국에서 유래했다.

2003년에 한국의 주요 포털 사이트 중 하나에서 첫 번째 웹툰 서비스가 시작됐다. 그것은 곧 등장한 다른 웹툰 서비스와 함께 한국에서 웹툰의 인기를 증가시켰다. 웹툰은 만화책과 비슷하지만 약간의 차이점이 있다. 주요 차이점은 보는 방식이다. 만화책은 흔히 각 페이지를 몇 개의 컷으로 나눠 놓는다. 하지만 웹툰은 하나의 긴 세로 스트립으로 공개된다. 이것은 웹툰을 컴퓨터와 무선 단말기로 보기 쉽게 하는데 그것은 사람들이 그냥 위에서 아래로 스크롤해서 내리면 되기 때문이다.

또 다른 차이점은 웹툰이 흔히 컬러로 공개된다는 것이다. 이것은 흑백으로 인쇄되는 경향이 있는 만화책과는 다른 점이다. 웹툰은 온라인에 게시되기 때문에 많은 웹툰이 사람들이 읽는 동안 애니메이션이나 재생되는 음악을 넣음으로써 기술을 활용한다.

웹툰은 한국에서 빠르게 인기를 얻었다. 오늘날 수백 개의 웹툰이 가장 인기 있는 두 개의 서비스에서 공개된다. 게다가 많은 한국 웹툰은 영어와 같은 외국어로 번역되어 다른 나라들로 수출된다.

문제 해설　1 이 글은 한국에서 유래한 만화의 새로운 일종인 웹툰에 관해 설명하는 글이므로, ③ '새로운 종류의 만화'가 글의 제목으로 가장 적절하다.
① 최초의 웹툰
② 웹툰을 읽는 법
④ 가장 유명한 웹툰
⑤ 웹툰과 만화

2 웹툰은 하나의 긴 세로 스트립으로 공개되어 컴퓨터와 무선 단말기로 보기 편하다고 했으므로 ② '그것들은 만화책보다 읽기 쉽다.'가 정답으로 알맞다. (10~12행)

[문제] 웹툰에 관해 알 수 있는 것은 무엇인가?
① 그것들은 만화책보다 비싸다.

③ 그것들은 한국에서만 인기가 있다.

④ 그것들은 인쇄하기에 돈이 많이 든다.

⑤ 그것들은 왼쪽에서 오른쪽으로 읽는다.

3 웹툰을 모두 무료로 볼 수 있다는 내용은 이 글에서 언급되지 않았다.

4 많은 웹툰이 사람들이 보는 동안 애니메이션이나 음악을 넣는 기술을 사용했다고 했다. (15~16행)

Q 웹툰은 기술을 어떻게 사용하는가?

A 그것들은 사람들이 읽는 동안 <u>애니메이션이나 재생되는 음악</u>을 넣는다.

5 this는 앞 문장에 나오는 내용인 웹툰이 흔히 컬러로 공개되는 것을 가리킨다.

구문 해설 **7행** Webtoons are similar to comics **yet** have some differences.

- 여기서 yet은 '그렇지만'이라는 뜻을 나타내는 역접의 접속사로 쓰였다.

8행 The primary one is the manner **in which** they are viewed.

- in which는 「전치사+관계대명사」로, 이 문장은 'The primary one is the manner.'와 'They are viewed in the manner.'의 두 문장이 합쳐져서 만들어진 문장이다.

11행 This **makes webtoons easy** *to read* on computers and mobile devices since people simply have to scroll down.

- 「make+목적어+형용사」는 '~를 …하게 만들다'라는 뜻을 나타낸다.
- to read는 부사적 용법의 to부정사로 형용사 easy를 꾸민다.
- 여기서 since는 '~ 때문에, ~므로'라는 뜻으로, 이유를 나타내는 접속사로 쓰였다.

08 The Architecture of Samarkand

pp. 028 ~ 029

정답 1 ③   2 ②   3 the bodies of Tamerlane, his sons and grandsons, and his teacher

4 prosperous

Summary capital, built, restored, impressive

지문 해석 중앙아시아의 우즈베키스탄에 위치한 사마르칸트는 세계에서 가장 오래된 도시 중 하나이다. 그것은 기원전 8세기와 7세기 사이쯤에 건설되었다. 고대에는 실크로드를 이동하는 상인들이 그곳을 통과했다. 사마르칸트는 번영한 도시가 되었고 아시아에서 가장 위대한 도시 중 하나였다.

사마르칸트는 오래되었기 때문에 그것이 인상적인 건축물의 발상지라는 사실을 알게 되는 것은 놀라운 일은 아니다. 예를 들어, 1370년에 정복자 타메를란은 사마르칸트를 자신의 제국의 수도로 만들었다. 1399년에 그는 비비 하눔 모스크라고 불리는 거대한 모스크를 지으라고 명했다. 그것은 40미터 높이의 반구형 지붕이 있는 거대하고 참으로 감명 깊은 건물이었다. 슬프게도 그 모스크는 황폐해지고 지진으로 인해 손상을 입었다.

구르 에미르는 사마르칸트의 또 다른 위대한 건축물이다. 이것은 타메를란, 그의 아들들과 손자들, 그리고 그의 스승의 유해가 있는 기념물이다. 반구형 지붕이 건물 꼭대기에 자리잡고 있고 동시에 내부는 모자이크와 다른 예술작품으로 장식되었다.

사마르칸트가 1700년대에 쇠퇴했을 때, 비비 하눔 모스크, 구르 에미르, 그리고 거기에 있던 다른 기념물들은 더 이상 제대로 유지되지 못했다. 다행히도 1900년대 후반에 복원 작업이 여러 곳에서 행해졌다. 오늘날 방문객들은 그것들이 한때 얼마나 인상적이었는지를 볼 수 있다.

문제 해설 **1** 이 글은 중앙아시아에 있는 오래된 도시 사마르칸트에 있는 유명한 건물들에 관해 설명하는 글이므로 정답은 ③ '사마르칸트에 있는 몇몇 유명한 건물들'이 적절하다.

[문제] 글의 주제로 가장 적절한 것은?

    ① 사마르칸트의 역사

    ② 사마르칸트에 있어서 타메를란의 중요성

    ④ 사마르칸트에서 가장 큰 모스크

    ⑤ 사마르칸트의 건물들이 겪은 피해

2 사마르칸트에 살고 있는 사람들의 수에 관한 내용은 이 글에 언급되지 않았으므로, 정답은 ② '거기 살았던 사람들의 수'가 적절하다.

[문제] 사마르칸트에 관해 언급되지 <u>않은</u> 것은?

    ① 그 곳을 수도로 만든 사람 (7~8행)

    ③ 그 곳이 건설된 시기 (2~3행)

    ④ 상인들이 그 곳을 방문한 이유 (3~4행)

    ⑤ 그 곳이 영향력을 덜 끼치게 된 때 (16행)

3 구르 에미르는 타메를란, 그의 아들들과 손자들, 그리고 그의 스승의 유해가 있는 기념물이라고 했다. (13~14행)

[문제] 구르 에미르에는 무엇이 있는가?

→ 거기에는 타메를란, 그의 아들들과 손자들, 그리고 그의 스승의 유해가 있다.

4 '부유한, 크기와 힘이 증가하는'이라는 뜻을 가진 단어는 prosperous(번영한, 번창한)이다. (4행)

[문제] 다음 주어진 뜻을 가진 단어를 글에서 찾아 쓰시오.

Summary [문제] 아래 주어진 단어나 어구를 활용해 빈칸을 채우시오.

짓다	인상적인	복구됐다	수도

사마르칸트는 우즈베키스탄에 있고 세계에서 가장 오래된 도시들 중 하나이다. 1370년에 타메를란이 그것을 자신의 제국의 <u>수도</u>로 만들었다. 그는 비비 하눔 모스크를 <u>짓게</u> 했다. 구르 에미르도 지어졌다. 거기에는 타메를란의 유해가 있다. 이 건물들과 다른 인상적인 건축물들은 1900년대 후반에 <u>복구됐다</u>. 그래서 사람들은 그것들이 한때 얼마나 <u>인상적이었는지</u> 볼 수 있다.

구문 해설

1행 **Located in Central Asia in Uzbekistan,** Samarkand is *one of the world's oldest cities.*

    • Located in Central Asia in Uzbekistan은 과거분사구로 Samarkand를 꾸민다.

    • 「one of the+최상급+복수명사」는 '가장 ~한 것들 중 하나'라는 뜻을 나타낸다.

2행 It was **founded** sometime *between the eighth and seventh century B.C.*

    • founded는 동사 found(건설하다)의 과거분사이다.

    • between A and B는 'A와 B 사이에'라는 뜻을 나타낸다.

3행 In ancient times, merchants **traveling on the Silk Road** passed through it.

    • traveling on the Silk Road는 현재분사구로 merchants를 꾸민다.

6행 Because of its age, it **should** be no surprise to learn that Samarkand is *home to* impressive works of architecture.

    • 여기서 should는 '~일 것이다'라는 뜻으로, 추측이나 예상을 나타내는 조동사로 쓰였다.

    • home to는 '~의 발상지인'이라는 뜻을 나타낸다.

Focus on Sentences

A
1 첫 번째는 1999년에 나왔지만 얼굴의 특징이 부족해서 금속으로 된 로봇처럼 보였다.
2 그것이 바로 2011년 말에 덴마크 사람들에게 일어난 일이다.
3 만화책 판매가 높은 동시에, 온라인 만화 판매 역시 그렇다.
4 오늘날 방문객들은 그것들이 한때 얼마나 인상적이었는지를 볼 수 있다.

B
1 As improvements keep being made, pet robots will surely become popular around the world.
2 It was believed that this would cause people to buy less junk food.
3 Samarkand became a prosperous city and was one of the greatest cities in Asia.

C
1 It is capable of making realistic movements and sounds.
2 This makes webtoons easy to read on computers since people simply have to scroll down.
3 The mosque fell into disrepair and was damaged by earthquakes.

유형 도전 ④

변형 문제 sticking to the rules

지문 해석   때때로 규칙을 고수하는 것은 아이들에게만큼 이나 부모들에게도 힘들다. 부모가 그들의 규칙에 대해서 일관적이어야 하는 것은 중요하다. 그 이유는 규칙을 강행하지 않는 것은 아이들로 하여금 그들의 부모가 하는 모든 것을 의심하게 만들기 때문이다. 만약 아이가 부모에게서 무엇을 기대할지 알지 못한다면, 그들은 규칙이 무엇인지 정말로 알지 못한다. 만약 여러분의 아이들이 여러분이 피곤할 때 또는 여러분이 때때로 그들을 단지 가엽다고 느끼기 때문에 그들의 나쁜 행동을 눈감아 줄 수 있다는 것을 안다면, 그러면 그들은 매번 어떻게 적절하게 행동할 지를 알지 못할 것이다. 특히 힘든 하루가 끝나고 여러분이 자신의 기대(요구)에 대하여 일관적인 것은 어렵겠지만, 이것이 여러분의 말이 심각하게 받아들여지고 여러분의 아이가 지침을 이해하도록 보장하는 유일한 방법이다. 예를 들어서, 아이가 장난감을 망가뜨리면, 그 아이는 집에서 특정한 일을 함으로써 새로운 것을 얻어야 한다. 그 아이가 장난감을 망가뜨릴 때, 단지 여러분이 정말로 그 특정한 날에 아이가 가엽다고 생각하기 때문에 굴복하지 마라.

문제 해설   부모는 자신이 정한 규칙을 어떤 상황에서든 일관되게 적용해야 한다는 내용이므로, 이 글의 요지로 ④이 적절하다.

변형 문제   규칙을 고수하는 것이 아이들에게도 그리고 부모에게도 어렵다는 내용이다. (1행)

구문 해설   **1행** Sometimes *sticking to the rules* is **as challenging** for parents **as** *it* is for kids.
• as ~ as의 원급 비교가 사용되었다.
• 대명사 it은 문장의 주어인 sticking to the rules를 지칭한다.

4행 If your children know [**that you're able to overlook their bad behavior** {*when you are tired*} or {*because you sometimes just feel sorry for them*}], then they won't know how to properly act every time.
• [ ]로 표시된 부분은 동사 know의 목적어이다.
• 두 개의 { }는 접속사 or에 의해서 병렬적으로 연결되고 있으며, 부사절이다.

6행 Though **it** may be hard [**to be consistent about your expectations**], especially after a long day, this is the only way to ensure [*that you are taken seriously*] and [*that your child will understand your guidelines*].
• it은 형식상의 주어이며, 첫 번째 [ ]가 내용상의 주어이다.
• 두 번째와 세 번째 [ ]는 동사 ensure의 목적어이다.

09 All about Passports
pp. 034 ~ 035

정답   1 ②   2 ③   3 (1) F (2) T   4 some shade of burgundy   5 booklets, depart, visit

지문 해석   사람들은 다른 나라로 여행을 갈 때 여권을 꼭 가지고 있어야 한다. 이 작은 직사각형의 작은 책자는 그들에게 고국을 떠나는 것을 허가하고 그들이 다른 나라들을 방문할 수 있게 한다. 각 나라의 여권은 비슷해 보이지만 흔히 한 가지 중요한 차이점이 있다. 그것은 바로 표지의 색깔이다. 나라들이 사용하는 많은 다양한 색깔이 있다.

유럽 연합에는 28개국이 있다. 그 중에는 프랑스, 독일, 스페인, 그리고 이탈리아가 있다. 그들 중 27개국은 진홍색을 띠는 여권을 가지고 있다. 오직 파란색 여권을 가지고 있는 크로아티아만 다르다. 터키처럼 유럽 연합에 가입하고 싶어하는 몇몇 나라 또한 진홍색 여권을 가지고 있다.

이슬람교에서는 초록색이 중요한 색깔이다. 그래서 대부분의 이슬람 국가들은 여권에 그 색깔을 사용한다. 하지만 초록색을 사용하는 모든 국가가 이슬람교인 것은 아니다. 예를 들어, 한국에서 발행되는 여권은 초록색이다. 미국은 현재 파란색을 쓰지만 고작 1976년부터 썼을 뿐이다. 그 전에는 빨간색, 초록색, 그리고 베이지색을 썼다. 남미와 카리브해 지역의 많은 나라들 또한 파란색을 쓴다. 어떤 조직은 자신들만의 여권을 발행한다. 국제 경찰 조직인 인터폴은 검은색 여권을 발행한다. 그리고 유엔은 회원들에게 파란색 여권을 준다.

문제 해설   **1** 이 글은 각 나라의 여권에 있어서 중요한 차이점인 여권 표지 색깔에 대한 글이므로, ② '여권 표지 색깔'이 글의 주제로 가장 적절하다.

① 여권을 발행하는 나라들
③ 나라가 여권을 발행하는 이유들
④ 나라들이 여권에 만든 변화들
⑤ 여권에 담겨 있는 정보

2 빈칸 (A)의 앞 문장에서 초록색을 사용하는 모든 국가가 이슬람교인 것은 아니라고 한 다음 그 예시로 한국에서 발행되는 여권이 초록색인 점을 들었으므로, (A)에는 '예를 들어'라는 뜻의 말이 들어가야 한다. 빈칸 (B)의 앞 문장에서 자신들만의 여권을 발행하는 조직 중 하나인 인터폴에 대해 설명한 후 또 다른 조직인 유엔을 추가로 언급하므로, (B)에는 '그리고'라는 뜻의 말이 들어가야 한다.

[문제] 글의 빈칸에 들어갈 말로 가장 적절한 것은?
① 다시 말해서 – 그리고   ② 다시 말해서 – 그래서   ③ 예를 들어 – 그리고   ④ 예를 들어 – 그래서
⑤ 게다가 – 그러나

3 (1) 대부분의 이슬람 국가들은 여권 표지에 초록색을 쓴다고 했다. (12~13행)
(2) 인터폴이나 유엔 등의 국제 조직은 회원들에게 여권을 발행한다고 했다. (18~20행)

(1) 대부분의 이슬람 국가들은 파란 표지의 여권을 가진다.
(2) 몇몇 국제 조직은 그들의 회원들에게 여권을 발행한다.

4 유럽 연합 28개국 중 27개국이 진홍색을 띠는 여권을 가진다고 했다. (7~9행)
Q 유럽 연합의 대부분의 나라들의 여권은 무슨 색인가?
A 대부분 진홍색을 띠는 여권을 가진다.

5 여권은 사람들에게 고국을 떠나는 것을 허가하고 그들이 다른 나라들을 방문할 수 있게 하는 작은 책자이다.

구문 해설   **4행** **Each** country's passport **looks** similar, but there is often one major difference.
• 주어가 each로 시작하는 경우 단수 동사를 쓴다.

12행 **Thus** most Islamic countries use that color for their passports.

- thus는 '그래서, 그러므로'라는 뜻을 나타내는 접속 부사이다.

13행 **Not every country** *that* uses green is a Muslim one though.

- not every는 '모든 ~가 …인 것은 아니다'라는 뜻을 나타내는 부분부정이다. every 다음에는 단수 명사가 온다.
- that은 주격 관계대명사로, 선행사는 country이다.
- one은 country를 의미한다.

15행 The United States uses blue at the moment, but it **has** only **done** that *since* 1976.

- has done은 현재완료의 계속적 용법으로, 1976년부터 지금까지 계속되고 있는 일을 나타낸다.
- since는 '~부터'라는 뜻을 나타내는 전치사로, 현재완료 계속 용법과 함께 자주 쓰인다.

10 Phobias

pp. 036 ~ 037

정답 1 ④ 2 ② 3 ④ 4 the fear of spiders 5 phobia → phobias

지문 해석 한 여자가 음식점에 가서 메뉴를 본다. 종업원은 그녀에게 무엇을 주문하고 싶은지 묻는다. 갑자기 여자는 빠르게 숨쉬기 시작한다. 그녀의 심장 박동 수는 증가하고 그녀는 아무 말도 하지 못한다. 그녀는 곧 구토를 할 것 같은 느낌을 받는다. 그녀는 탁자에서 벌떡 일어서서 음식점 밖으로 달려나간다.

그 여자는 사회 공포증을 앓고 있다. 공포증은 무언가에 대한 과도한 두려움이다. 그 여자의 경우에는 그녀의 두려움은 사회적인 상황에서 사람들에게 말을 하는 것이다. 이것은 가장 흔한 공포증 중 하나이다. 또 다른 전형적인 것은 광장 공포증으로, 그것은 쇼핑 센터와 같이 탁 트인 곳에 대한 두려움이다. 고소 공포증은 높은 곳에 대한 두려움인 반면 폐소 공포증은 폐쇄된 곳에 대한 두려움이다. 또 다른 흔한 공포증은 거미 공포증으로, 그것은 거미에 대한 두려움이다.

사람들은 많은 것에 의해 겁먹기 때문에 온갖 종류의 공포증이 있다. 그러나 대부분의 사람들의 증상은 비슷하다. 그들은 심장이 빨리 뛰기 시작하는 동시에 숨을 잘 못 쉴 수 있다. 사람들은 말하는 능력을 잃거나 빨리 말하기 시작한다. 그들은 제어하기 힘들게 몸을 떨고 가슴에 긴장을 느낄 수 있다. 많은 사람들이 땀을 흘리기 시작하고 심지어 어지러워하거나 의식을 잃을 수 있다.

다행히도 사람들은 시간이 지나면 공포증을 극복할 수 있다. 예를 들어, 치료를 받음으로써 그들은 두려움과 함께 오는 증상을 경험하는 것을 멈출 수 있다.

문제 해설 **1** 폐소 공포증은 폐쇄된 곳에 대한 두려움이라고 했다. (10행)

[문제] 폐소 공포증이 있는 사람은 무엇을 두려워하는가?

2 주어진 문장이 대부분의 사람들이 공포증을 느낄 때 보이는 증상은 비슷하다는 내용의 진술이므로, 구체적인 유사한 증상들에 관해 설명하는 문장들 앞인 ②에 들어가는 것이 흐름상 자연스럽다.

그러나 대부분의 사람들의 증상은 비슷하다.

3 움직이지 못하는 것은 이 글에서 공포증의 증상으로 언급되지 않았다.

4 거미 공포증은 거미에 대한 두려움이라고 했다. (11행)

Q 거미 공포증은 무엇인가?
A 그것은 거미에 대한 두려움이다.

5 밑줄 친 문장은 '가장 ~한 것들 중 하나'라는 뜻을 나타내는 「one of the+최상급+복수명사」가 쓰인 문장이다. 따라서 phobia를 복수 명사 phobias로 고쳐야 한다.

정답 및 해설 15

1행 The waiter asks her **what she would like to order**.

· what she would like to order는 「의문사+주어+동사」의 어순으로, 간접의문문이다. 간접의문문은 의문문이 다른 문장의 일부로 쓰이는 것을 말한다.

12행 There are all kinds of phobias **since** people are frightened by numerous things.

· 여기서 since는 '∼ 때문에'라는 뜻으로 이유를 나타내는 접속사로 쓰였다.

14행 People lose the ability **to speak** or start to talk rapidly.

· to speak는 형용사적 용법으로 쓰인 to부정사로, 앞에 있는 the ability를 꾸민다.

16행 Lots of people begin sweating and may even **get dizzy** or pass out.

· 「get+형용사」는 '∼하게 되다'라는 뜻을 나타낸다.

11 Giraffes and Lightning

pp. 038 ~ 039

정답   1 ③   2 ③   3 ②   4 animals   5 strikes the tallest object in an area

지문 해설   미국에서는 매년 약 50명이 번개에 맞아 죽는다. 이보다 훨씬 더 많은 사람들이 번쩍하는 번개에 맞지만 살아남는다. 동물 또한 번개에 맞는다. 키가 큰 동물들은 키가 작은 동물들보다 번개에 맞을 가능성이 더 높다.

기린은 세계에서 가장 키가 큰 육지 동물이다. 이 아프리카 포유류의 일부는 키가 6미터가 넘는다. 그들은 또한 주로 초원에 사는데, 그곳은 키가 큰 나무들이 거의 없다. 번개는 보통 어떤 지역의 가장 높은 물체를 치기 때문에 기린이 이상적인 목표물이다.

한 동물학자는 번개가 다른 동물보다 기린을 더 많이 치는지가 궁금해서 연구를 했다. 그는 남아프리카의 한 동물원에 있는 기린 세 마리가 번개에 맞았다는 것을 알았다. 두 마리는 죽은 반면 나머지 한 마리는 살아남았다. 미국의 한 동물원에서는 2003년에 기린 한 마리가 번개에 맞아 죽었다. 뿐만 아니라 그는 어떤 기린들이 번개를 동반한 폭풍이 치는 동안 그들 옆의 다른 기린들보다 키가 더 작아지게 하기 위해서 고개를 숙인다는 것을 알았다.

또 다른 과학자에 따르면 기린과 코끼리는 다른 동물보다 번개에 맞을 위험이 더 많다고 한다. 그들은 또한 번개가 어떤 물체를 치고 그 물체에서 튀어나와 또 다른 물체를 칠 때 번개에 맞는다.

문제 해설   **1** 한 동물학자가 기린이 다른 동물보다 번개에 더 많이 맞는지 실험했다는 내용이 이야기의 중심 내용을 이루고 있으므로, ③ '기린은 얼마나 자주 번개에 맞는가'가 글의 주제로 가장 적절하다.

① 번개는 얼마나 위험한가
② 기린은 어디서 자주 번개에 맞는가
④ 대부분의 동물들은 언제 번개에 맞는가
⑤ 얼마나 많은 기린이 번개에 맞아 죽었는가

2 ③ 기린 세 마리가 번개에 맞은 것은 동물학자가 그 사실을 안 것보다 먼저 일어난 일이므로 과거완료 시제를 쓰는 것이 적절하다. 따라서 have been struck을 과거완료 수동태인 had been struck으로 고친다.
① 비교급을 강조하는 부사
② 계속적 용법의 관계대명사
④ to부정사의 부사적 용법 (목적)
⑤ 비교급: 「more+형용사+than」

3 어떤 기린들은 번개를 동반한 폭풍이 치는 동안 그들 옆의 다른 기린들보다 키가 더 작아지게 하기 위해서 고개를 숙인다는 연구 결과로 미루어 보아, ② '기린은 폭풍이 치는 동안 번개를 피하려고 노력한다.'는 것을 알 수 있다. (15~17행)

[문제] 글을 통해 기린에 관해 알 수 있는 것은?
① 그들은 대개 밀림에 산다.

③ 그들은 번개가 칠 때 절대 살아남지 못한다.

④ 그들은 코끼리보다 번개에 맞을 위험이 더 높다.

⑤ 그들은 키가 작은 동물들보다 덜 자주 번개에 맞는다.

4 ones는 앞에 나온 animals 대신에 쓰인 부정대명사이다.

5 번개는 보통 어떤 지역의 가장 높은 물체를 치기 때문에 기린이 이상적인 목표물이라고 했다. (9~10행)

Q 번개가 칠 때 왜 기린이 이상적인 목표물인가?

A 번개는 보통 어떤 지역의 가장 높은 물체를 친다.

구문 해설 **5행** Tall animals are **more** likely to be struck **than** short *ones*.

- 비교급을 이용한 비교 구문으로, '키가 작은 것들보다 (번개에) 맞을 가능성이 더 높은'이라고 해석한다.
- ones는 animals를 가리킨다.

12행 He learned that three giraffes in an animal park in South Africa **had been struck** by lightning.

- 과거완료 수동태(「had been p.p.」)가 쓰인 문장으로, 기린 세 마리가 번개에 맞은 것이 그가 그 사실을 안 것보다 먼저 일어난 일이므로 과거완료 시제를 사용했다.

13행 Two died while **the other** survived.

- 기린 세 마리 중 두 마리는 죽고 나머지 한 마리가 살았으므로 the other를 써서 표현했다.

15행 Furthermore, he learned that some giraffes lower their heads during lightning storms **to become** shorter than others beside them.

- to become은 to부정사의 부사적 용법으로 '~이 되기 위해서'라는 뜻의 목적을 나타낸다.

12 Schools in the Clouds

pp. 040 ~ 041

정답 1 ① 2 ⑤ 3 a better mouse and a faster computer 4 recruit

Summary themselves, concept, information, schools

지문 해석 Sugata Mitra는 인도 뉴델리의 빈민가 근처에서 컴퓨터 프로그래밍을 가르쳤다. 어느 날 그는 거기에 있는 아이들에 대해 생각하기 시작했다. 그는 만약 자신이 그들에게 컴퓨터를 준다면 무슨 일이 일어날지 궁금했다. 그는 컴퓨터에 인터넷 연결을 해 놓고 그것을 빈민가에 놔뒀다. 그는 몇 시간 후에 돌아왔을 때 아이들 몇 명이 영어로 인터넷을 검색하고 있는 것을 봤다.

그 후에 그는 또 다른 실험을 하기로 결정했다. 그는 뉴델리에서 멀리 있는 시골 마을에 컴퓨터를 놔뒀다. 그는 2달 후에 돌아왔을 때 충격을 받았다. 아이들이 게임을 하고 인터넷을 검색하고 있었다. 그들은 심지어 더 좋은 마우스와 더 빠른 컴퓨터를 요청했다. 그들은 또한 자신들에게 스스로 영어를 가르쳐야 하는 것에 대해 불평을 했다.

Mitra는 갑자기 자체 학습이라는 개념을 깨달았다. 그는 학생들이 배우고 싶어하는 지식을 자신들에게 가르칠 수 있다는 것을 깨달았다. 그리고 그 모든 지식은 인터넷에서 발견되는 소프트웨어와 서비스인 클라우드에서 구할 수 있었다. 그는 '클라우드에 있는 학교들'을 만들기로 결심했다. 도움을 얻기 위해 그는 몇 명의 여성 은퇴 교사를 모집했다. 그는 그들을 '클라우드 할머니'라고 불렀다. 그들은 온라인에 있는 학생들을 관찰했고, 질문에 답했고, 그리고 격려했다.

오늘날 Mitra는 각 교실에 24명의 학생들과 그들을 관찰하는 자원봉사 할머니가 있는 학교들을 만들고 싶어한다. 그것들은 보통 학교들을 대체하는 것이 아니라 학생들이 자기 자신들을 가르치게 할 것이다.

문제 해설 **1** 이 글은 Sugata Mitra라는 사람이 '클라우드에 있는 학교'를 만들게 된 과정에 관한 글이므로, ① '클라우드에 있는 학교라는 개념이 어떻게 생기게 되었는지'가 이 글의 주제로 가장 적절하다.

[문제] 글의 주제로 가장 적절한 것은?

  ② 클라우드에 있는 학교는 어디에 위치하는지

  ③ 클라우드에 있는 학교에는 어떤 학생들이 다니는지

  ④ 클라우드에 있는 학교에 다니기 위해서는 비용이 얼마나 드는지

  ⑤ 왜 많은 학생들이 클라우드에 있는 학교를 즐기는지

2 Sugata Mitra가 인도 뉴델리의 빈민가 근처에서 컴퓨터 프로그래밍을 가르쳤다는 언급은 있으나, 그가 거기에 살았다는 내용은 언급되지 않았다. (1~2행)

[문제] Sugata Mitra에 관해 언급되지 <u>않은</u> 것은?

  ① 그는 교실당 24명의 학생이 있는 학교를 만들고 싶어 한다. (19~20행)

  ② 그는 컴퓨터 프로그래밍 선생님이었다. (1~2행)

  ③ 그는 은퇴한 여교사들이 자신을 돕게 했다. (16행)

  ④ 그는 인도의 시골 마을에 컴퓨터를 놓았다. (7~8행)

  ⑤ 그는 인도 뉴델리의 빈민가에 살았다. (×)

3 시골 마을의 아이들이 Sugata Mitra에게 더 좋은 마우스와 더 빠른 컴퓨터를 요청했다고 했다. (10행)

[문제] 시골 마을의 아이들은 Sugata Mitra에게 무엇을 요청했는가?

  → 그들은 <u>더 좋은 마우스와 더 빠른 컴퓨터</u>를 요청했다.

4 '고용과 같은 것을 목적으로 어떤 사람의 도움을 얻으려고 시도하는 것'이라는 뜻을 가진 단어는 recruit(모집하다, 뽑다)이다. (16행)

[문제] 다음 주어진 뜻을 가진 단어를 글에서 찾아 쓰시오.

Summary   [문제] 아래 주어진 단어나 어구를 활용해 빈칸을 채우시오.

학교들	개념	그들 자신	정보

Sugata Mitra는 뉴델리의 빈민가와 인도의 시골 마을에 컴퓨터들을 놔뒀다. 두 경우 모두에서 아이들은 컴퓨터를 사용하는 법을 <u>그들 자신</u>에게 가르쳤다. Mitra는 자체 학습이라는 <u>개념</u>을 배웠다. 그는 필요한 <u>정보</u>가 클라우드에 있는 것을 깨달았다. 그는 '클라우드에 있는 <u>학교들</u>'을 몇 개 만들었다. 그는 은퇴한 여교사들이 학생들을 돕게 했다. 그는 나중에 더 많은 <u>학교들</u>을 만들기를 바란다.

구문 해설   **6행**   When he returned a few hours later, he **saw some kids surfing** the Internet in English.

  • 「see+목적어+-ing」는 '~가 …하고 있는 것을 보다'라는 의미를 나타낸다.

  8행   He left a computer in a rural **village (that is) far from** New Delhi.

  • village와 far 사이에 「주격 관계대명사+be동사」인 (that is)가 생략되어 있다.

  8행   **Returning two months later**, he was shocked.

  • Returning two months later는 시간을 나타내는 분사구문으로, When he returned two months later로 바꿔 쓸 수 있다.

  11행   They also complained **about having** to teach *themselves* English.

  • 전치사 about의 목적어로 온 동사원형 have를 동명사 having으로 바꿔 썼다.

  • themselves는 '그들 자신'이라는 뜻을 나타내는 재귀대명사로, 동사구의 목적어(them)가 주어(they)와 동일할 때 쓰는 재귀 용법으로 썼다.

A 　1　그 중에는 프랑스, 독일, 스페인, 그리고 이탈리아가 있다.

　　2　그녀는 곧 구토를 할 것 같은 느낌을 받는다.

　　3　한 동물학자는 번개가 다른 동물보다 기린을 더 많이 치는지가 궁금해서 연구를 했다.

　　4　그들은 또한 자신들에게 스스로 영어를 가르쳐야 하는 것에 대해 불평을 했다.

B 　1　Not every country that uses green is a Muslim one though.

　　2　The waiter asks her what she would like to order.

　　3　He saw some kids surfing the Internet in English.

C 　1　The United States uses blue at the moment, but it has only done that since 1976.

　　2　The woman suffers from a social phobia.

　　3　Tall animals are more likely to be struck than short ones.

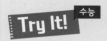

유형 도전　　①

변형 문제　　(빚 안 지고) 자기 수입으로 생활하다

- -

지문 해석　　고등학교를 다닐 때, Crystal의 가장 친한 친구는 중산층이었다. 그들 사이의 계층 차이가 Crystal로 하여금 처음으로 자신이 열등하다고 느끼게 만들었다. 그녀의 친구는 언덕 위에 있는 아름다운 집에 살고, 부모가 준 차를 가지고 있었다. Crystal의 어머니는 겨우 빚을 안 지고 생활하는 수준이었다. Crystal은 자신이 가난한 집안 출신이라는 것을 깨달았다. 그녀의 친구 부모님은 모두 대학 교육을 받았고, 반면 Crystal의 어머니는 고등학교도 졸업하지 못했다. 그녀의 친구는 언제나 학교에서 잘했지만, 그녀는 그렇지 못했다. 그녀의 친구가 대학 입시 코스에 배치되고, Crystal은 그렇지 못했을 때, Crystal은 자신이 너무나 멍청하다고 자책했다. 그러나 그녀는 곧 자신이 그녀의 친구와는 매우 다른 자원을 갖고 있다는 것을 알았다. 그럼에도 불구하고 그녀는 최선을 다하겠다고 결심했고, 마침내 자신의 불리한 조건들을 이겨냈다.

문제 해설　　부모가 준 차를 가지고 있는 것은 Crystal의 친구이므로, ①은 Crystal의 친구를 지칭한다. 나머지 대명사는 모두 Crystal을 지칭한다.

변형 문제　　keep one's head above water는 '(빚 안 지고) 자기 수입으로 생활하다'의 의미이다.

구문 해설　　**1행**　Class differences between them **made** Crystal **feel** inferior for the first time.

　　　　　　　• 사역동사 make의 목적 보어 자리에 원형 부정사인 feel이 나왔다.

　　　　　　2행　Her friend lived in a beautiful house up on a hill, and she had a car [**her parents had given her**].

　　　　　　　• [ ]로 표시된 부분은 a car를 수식하는 관계절이다.

　　　　　　6행　When her friend was placed in the college prep track and Crystal was not, she blamed **herself** for being too stupid.

　　　　　　　• 주어와 목적어가 지칭하는 바가 같기에, 재귀대명사가 목적어로 사용되었다.

13   Sound

정답   1 ②   2 ③   3 (1) F (2) T   4 something exceeds the speed of sound
5 Dogs can hear sounds at high frequencies that humans cannot hear.

지문 해석   하루 종일 당신은 소리에 둘러싸여 있다. 어떤 것은 듣기 좋지만 반면에 다른 것은 좋지 않다. 어떤 것은 소리가 크지만 반면에 다른 것들은 부드럽다. 모든 경우에 있어서 소리는 분자의 진동에 의해 이동하는 파동에 의해 만들어진다. 진동 자체는 물체가 부딪히거나 무언가가 물체와 접촉할 때 생긴다. 파동이 사람의 귀에 닿을 때 소리로 된다.

음파는 공기 중에서 1시간에 767마일 정도를 이동한다. 어떤 것이 음속(音速: 소리의 속도)을 초과할 때 폭음으로 알려진 커다란 소리를 만든다. 흥미롭게도 소리는 공기 중에서보다 물속에서 더 빠르게 이동한다. 물속에서의 음속은 공기 중에서보다 4.3배 더 빠르다. 이것이 소리가 물속에서 엄청난 거리를 이동하게 한다. 예를 들어, 돌고래는 15마일 떨어진 곳에서 나는 소리를 들을 수 있다. 그리고 고래가 내는 소리는 470마일보다 더 멀리 이동할 수 있다.

땅 위에서 동물들은 소리를 다르게 듣는다. 개는 사람이 들을 수 없는 고주파의 소리를 들을 수 있다. 반면에 파리는 어떤 소리도 들을 수 없다. 젖소는 즐거운 소리를 좋아하는 것 같다. 음악을 듣는 대부분의 젖소는 음악을 듣지 않는 젖소들보다 더 많은 우유를 생산한다. 그리고 만약 당신이 우주에 가게 된다면, 당신은 우주가 조용하다는 것을 알아차릴 것이다. 우주에는 분자가 없기 때문에 소리가 들리지 않는다.

문제 해설   1 소리는 분자의 진동에 의해 이동하는 파동에 의해 만들어진다고 했다. (4~5행)

2 물속에서의 음속은 공기 중에서보다 4.3배 더 빠르고 이것이 소리가 물속에서 엄청난 거리를 이동하게 한다는 흐름이 내용상 자연스러우므로 주어진 문장은 ③에 들어가는 것이 알맞다.

[문제] 주어진 문장이 들어가기에 알맞은 곳은?
    이것이 소리가 물속에서 엄청난 거리를 이동하게 한다.

3 (1) 소리는 공기 중에서보다 물속에서 더 빠르게 이동한다고 했다. (10~11행)
(2) 음악을 듣는 대부분의 소는 음악을 듣지 않는 소들보다 더 많은 우유를 생산한다고 했다. (16~17행)

   (1) 소리는 물속에서보다 공기 중에서 더 빠르게 이동한다.
   (2) 젖소는 음악을 들을 때 흔히 더 많은 우유를 생산한다.

4 폭음은 어떤 것이 음속을 초과할 때 만들어진다고 했다. (8~10행)

Q 폭음은 어떻게 만들어지는가?
A 그것은 어떤 것이 음속을 초과할 때 만들어진다.

5 목적격 관계대명사인 that이 이끄는 관계대명사절이 목적어 sounds를 꾸민다.

구문 해설   **2행** Some are pleasant **to hear** *while* others are not.
   • to hear는 부사적 용법으로 쓰인 to부정사로, 형용사 pleasant를 수식한다.
   • while은 '반면에'라는 뜻으로, 대조를 나타내는 접속사로 쓰였다.

   5행 The vibrations **themselves** are caused *when* an object is struck.
   • 재귀대명사 themselves는 주어 the vibrations를 강조하는 역할을 한다.
   • when은 '~할 때'라는 뜻으로, 시간을 나타내는 접속사로 쓰였다.

And the **sounds (that) whales** make can travel more than 470 miles.
> • sounds와 whales 사이에 목적격 관계대명사 that이 생략되어 있다.

16행 Most cows **that** listen to music produce more milk than *those* **that** do not.
> • that은 둘 다 주격 관계대명사로 쓰였다. 첫 번째 that의 선행사는 most cows이고, 두 번째 that의 선행사는 those이다.
> • those는 앞에 나온 cows의 반복을 피하기 위해 쓰였다.

14 E-receipts

pp. 048 ~ 049

정답   1 ③   2 ⑤   3 ④   4 ⓐ concerned   ⓑ looks   5 their receipts

지문 해석   요즘에는 사람들이 환경에 관심을 가진다. 그들은 자신들이 천연자원의 사용을 줄이고 있는지 확인하고 싶어한다. 자원을 보존하는 한 가지의 쉬운 방법은 종이를 덜 쓰는 것이다. 이것이 전자 영수증의 숨은 목적이다.

사람들은 물건을 살 때 거의 항상 점원에게 영수증을 받는다. 하지만 모든 사람이 자신의 영수증을 보는 것은 아니다. 많은 사람들은 단순히 그것을 버린다. 이제 전자 영수증 덕분에 더 이상 영수증을 출력함으로써 종이를 낭비할 필요가 없다.

사람들은 많은 방법을 통해 전자 영수증을 받을 수 있다. 어떤 것들은 사람들의 전화기에 문자 메시지로 보내진다. 다른 것은 고객에게 전자 우편으로 보내진다. 그리고 어떤 회사들은 앱을 다운로드한 고객에게 전자 영수증을 제공한다. 전자 영수증은 단지 종이를 절약하는 것보다 더 많은 일을 한다. 그것은 가게들이 고객에게 할인과 특가 상품을 알릴 수 있게 한다. 어떤 회사는 고객에게 전자 영수증과 함께 쿠폰도 보낸다. 그리고 물론 종이 영수증을 필요로 하는 고객은 언제든지 그것을 출력할 수 있다.

현재 전자 영수증을 쓰는 회사의 수는 적지만, 그 수가 날마다 늘어나고 있다. 곧 출력된 영수증은 과거의 물건이 될 것이다. 그것은 모두 전자 영수증으로 교체될 것이다.

문제 해설   **1** 전자 영수증을 받으려면 돈을 내야 한다는 내용이 이 글에서 언급되지 않았다.

2 자원을 보존하기 위한 방법으로는 종이를 덜 쓰는 것이 어울리므로 (A)에는 less가 알맞다. 문맥상 전자 영수증 덕분에 종이 영수증을 인쇄하기 위해 종이를 낭비할 필요가 없어졌다는 내용이 되어야 하므로 (B)에는 necessary가 알맞다. 문맥상 전자 영수증이 종이 영수증을 점차 대체하고 있으므로 종이 영수증은 과거의 물건이 될 것이라는 내용이 되어야 하므로 (C)에는 past가 알맞다.

① 더 많은 – 필요한 – 미래   ② 더 많은 – 필요 없는 – 과거   ③ 더 적은 – 필요한 – 미래

④ 더 적은 – 필요 없는 – 미래   ⑤ 더 적은 – 필요한 – 과거

3 '전자 영수증을 쓰는 회사는 거의 없지만 쓰는 회사의 수가 날마다 늘어나고 있다.'라는 내용이 글의 흐름상 자연스러우므로 ④ '그러나'가 빈칸에 알맞은 말이다.

[문제] 빈칸에 가장 알맞은 단어는?
     ① 그래서 ② 그리고 ③ 또는 ⑤ 왜냐하면

4 ⓐ '~에 관심을 가지다'라는 뜻을 나타내는 표현은 be concerned about이므로 concern을 과거분사 concerned로 고친다.

ⓑ 주어 everyone은 단수 동사를 취하므로 look을 3인칭 단수형인 looks로 고친다.

5 ⓒ는 앞 문장에 나온 their receipts를 가리킨다.

구문 해설   **4행** One easy way **to conserve** resources is *to use* less paper.
> • to conserve는 형용사적 용법으로 쓰인 to부정사로, 앞에 있는 one easy way를 꾸민다.
> • to use는 명사적 용법으로 쓰인 to부정사로, '사용하는 것'이라는 뜻을 나타내며 문장에서 보어의 역할을 한다.

8행 **Not everyone** looks at their receipts *though*.

8행 **Not everyone** looks at their receipts *though*.

- not everyone은 '모든 ~가 …하는 것은 아니다'라는 뜻으로, 부분 부정을 나타낸다.
- though는 '그렇지만, 하지만'이라는 뜻을 나타내는 부사로 쓰였다.

8행 Many people simply **throw them away**.

- throw away는 '버리다'라는 뜻을 나타내는 구동사이다. 구동사의 목적어가 대명사일 경우, 동사와 부사 사이에 목적어가 위치한다.

12행 And some companies provide e-receipts to customers **who** *have downloaded* apps.

- who는 주격 관계대명사로, 선행사는 customers이다.
- have downloaded는 앱을 다운로드하여 현재 가지고 있는 '결과'를 나타내는 현재완료이다.

15 The Village of Hogeweyk

pp. 050 ~ 051

정답 | 1 ② 2 ④ 3 ③ 4 resemble with → resemble 5 carers, rest, lives, gated

지문 해석

사람들은 나이 먹는 동안 많은 문제로 고통 받는다. 가장 심각한 문제들 중에는 치매가 있는데, 그것은 사람들의 정신에 영향을 끼친다. 치매 환자는 자신의 과거, 친구, 그리고 가족, 그리고 이름을 포함하여 많은 것을 잊어버린다.

많은 경우, 치매를 앓는 사람들은 보살핌을 받기 위해 요양원에 거주한다. 하지만 그곳은 슬프고 비인간적인 장소이다. 노인들의 수가 세계적으로 늘어나면서, 요양원에 대한 대안들이 추구되고 있다. 네덜란드의 몇몇 운 좋은 사람들은 외부인의 출입이 제한되는 마을인 호그벡에 산다.

호그벡에서는 152명의 거주민이 하루 24시간 보살핌을 받는다. 그러나 호그벡은 요양원이나 병원과 비슷하지 않다. 대신 거기에는 환자들을 위한 23채의 집이 있다. 각 사람은 거실, 부엌, 그리고 식당을 공유하는 반면 자신만의 침실을 가진다. 환자들은 자신의 집을 떠나면, 거리를 걷고 광장, 정원, 그리고 공원에 갈 수 있다. 그들은 마을에 있는 슈퍼마켓에서 물건을 살 수도 있다.

간병인들도 평상복을 입는다. 그 목적은 거주민들을 위해 '가짜 현실'을 유지시켜 주는 것이다. 그들은 환자들에게 그들이 어디 있는지에 대해 거짓말을 하지 않는다. 그러나 그들은 환자들이 자신의 집에 살고 있다는 환상을 유지시키기 위해 노력한다. 그래서 환자들은 물건을 사러 가고, 친구들을 만나고, 그리고 함께 게임을 할 수 있다. 그래서 그들은 편안하게 여생을 보낼 수 있다.

문제 해설

1 이 글은 기존의 요양원이나 병원과는 전혀 다른 형태의 치매 환자 거주 마을인 호그벡에 관해 설명하는 글이므로, ② '요양원의 새로운 유형'이 이 글의 제목으로 가장 적절하다.

[문제] 글의 제목으로 가장 적절한 것은?
① 전 세계적으로 치매를 치료하는 것
③ 호그벡과 그것의 많은 문제들
④ 네덜란드에서 노년층을 돌보는 방법
⑤ 호그벡은 무엇처럼 보이는가?

2 호그벡에 사는 환자들은 물건을 사러 슈퍼마켓에 갈 수 있다고 했다. (15행)

3 ③을 제외한 나머지는 환자들을 가리키는 반면에 ③은 간병인들을 가리킨다.

4 '~를 닮다'라는 뜻을 나타내는 resemble은 전치사 없이 목적어를 취하는 타동사이므로 with를 빼고 써야 한다.

5 일부 치매 환자들은 네덜란드에 있는 <u>외부인의 출입이 제한되는</u> 마을인 호그벡에서 <u>간병인들의</u> 도움을 받으며 <u>여생</u>을 보낸다.

2행 **Among the most severe ones is dementia**, *which* affects people's minds.

- 'Among the most severe ones is dementia.'는 원래 'Dementia is among the most severe ones.'라는 문장에서 부사구 among the most severe ones를 강조하기 위해 문장의 맨 앞으로 빼서 주어 dementia와 동사 is의 순서가 바뀐 도치구문이다.
- which는 계속적 용법의 관계대명사로, and it으로 바꿔 쓸 수 있다.

7행 With the number of elderly people increasing worldwide, alternatives to nursing homes **are being sought**.

- are being sought는 「am/are/is being+p.p.」 형태의 현재진행 수동태이다.

12행 **Each of them gets** their own bedroom *while* they share the living room, kitchen, and dining room.

- each of 다음에는 복수 명사가 나오지만 동사는 보통 단수형을 사용한다.
- while은 '~인 반면'이라는 뜻으로, 양보를 나타내는 접속사로 쓰였다.

18행 But they try to maintain **the illusion *that* the patients are living at their homes**.

- the illusion과 that 이하의 내용은 동격으로 '환자들이 자신의 집에 살고 있다는 환상'이라는 뜻을 나타낸다.
- that은 동격의 명사절을 이끄는 접속사로 쓰였다.

16 Royal Wedding Traditions

pp. 052 ~ 053

정답 1 ②   2 ④   3 his military uniform   4 symbol

Summary traditions, permission, included, wore

지문 해석 결혼식을 준비하는 것은 신부와 신랑이 해야 할 일이 매우 많기 때문에 결코 쉽지 않다. 왕실 결혼식을 준비하는 것은 훨씬 더 힘들다. 그 이유는 항상 따라야 할 전통이 있기 때문인데, 그 중 어떤 것들은 수백 년 전으로 거슬러 올라간다.

2018년 5월에 영국 왕자 Harry는 미국 배우 Meghan Markle과 전 세계적으로 수백만 명의 사람들이 지켜보는 결혼식을 올렸다. 하지만 두 사람은 결혼하기 전에 엘리자베스 2세에게 허락을 받아야 했다. 왕위 계승 서열 6위까지의 왕족은 결혼하기 전에 반드시 여왕의 허락을 받는 것이 전통이다.

결혼식에서 신부의 결혼 부케에는 물망초와 다른 꽃들과 함께 작은 상록수 관목인 약간의 도금양이 들어갔다. 도금양은 사랑과 결혼 모두에 있어서 행운의 상징이다. Harry 왕자는 결혼식을 위해 군복을 입었다. 대부분의 영국 왕족은 군에서 복무를 하고, 왕실 결혼식에 제복을 입는 전통은 1840년으로 거슬러 올라간다.

두 사람은 사실 한 가지 사항에 있어서는 전통을 깼다. 영국 왕실의 결혼 케이크는 수 세기 동안 과일 케이크였다. 하지만 두 사람은 흰 당의를 입힌 보통 케이크를 먹기로 결정했다. 결혼식이 봄에 치러졌기 때문에, 케이크는 신선한 꽃으로 장식되었다.

문제 해설 1 왕위 계승 서열 6위까지의 왕족은 결혼하기 전에 반드시 여왕의 허락을 받는 전통이 있다고 했는데, Harry 왕자와 Meghan Markle은 결혼하기 전에 엘리자베스 2세의 허락을 받아야 했다고 했으므로, Harry 왕자가 왕위 계승 서열 6위까지의 왕족 중 한 명임을 알 수 있다. (8~10행)

[문제] 글에 따르면 Harry 왕자에 관한 설명으로 맞는 것은?
　　① 그는 모든 왕실의 전통을 따르는 것이 좋다고 생각한다.
　　② 그는 왕위 계승 서열 6위까지의 왕족 중 한 명이다.
　　③ 그는 다른 어떤 케이크보다 과일 케이크를 좋아한다.
　　④ 그는 엘리자베스 2세의 맏손자이다.

⑤ 그는 항상 군복을 입는다.

2 Harry 왕자와 Meghan Markle은 수 세기 동안 영국 왕가에서 결혼 케이크로 쓴 과일 케이크 대신 흰 당의를 입힌 보통 케이크를 결혼식에 쓰기로 결정했다고 했다. (18~19행)

[문제] Harry 왕자와 Meghan Markle은 어떤 전통을 깼는가?
① 결혼식 부케에 도금양을 넣는 것
② 결혼식에 참석한 사람들에게 선물을 주는 것
③ 의식에 예복을 입는 것
④ 결혼식에 과일 케이크를 내는 것
⑤ 여왕에게 결혼하기 위한 허락을 받는 것

3 Harry 왕자는 결혼식을 위해 군복을 입었다고 했다. (13~14행)

[문제] Harry 왕자는 결혼식에서 무엇을 입었는가?
→ 그는 자신의 군복을 입었다.

4 '사람, 사물, 생각, 감정, 또는 특징을 대표하거나 의미하는 어떤 것'이라는 뜻을 가진 단어는 symbol(상징)이다. (13행)

[문제] 다음 주어진 뜻을 가진 단어를 글에서 찾아 쓰시오.

Summary **[문제] 아래 주어진 단어나 어구를 활용해 빈칸을 채우시오.**

입었다	전통들	들어갔다	허락

왕실 결혼식에서는 따라야 할 많은 전통들이 있다. Harry 왕자는 Meghan Markle과 결혼하기 전에 먼저 엘리자베스 2세에게 허락을 받았다. 신부의 부케에는 행운의 상징인 도금양이 들어갔다. 그리고 Harry 왕자는 자신의 군복을 입었다. 그것은 1840년까지 거슬러 올라가는 전통이다. 그들은 수 세기 동안의 왕실 전통인 과일 케이크를 먹지 않았다. 대신에 그들은 보통 케이크를 먹었다.

구문 해설 **1행** Preparing for a wedding is never easy **since** there are so many things for *the bride and groom* to do.
• since는 '~ 때문에'라는 뜻으로, 이유를 나타내는 접속사로 쓰였다.
• since가 이끄는 종속절의 의미상 주어는 the bride and groom이다.

3행 Preparing for a royal wedding is **even** harder.
• even은 '훨씬'이라는 뜻으로, 비교급을 강조하는 부사이다.

4행 The reason is **that** there are always traditions, *some of which* go back hundreds of years, to follow.
• that은 보어절을 이끄는 접속사로 쓰였다.
• some of which는 '몇몇 ~, 조금의 ~'라는 뜻을 나타내며, 「수량 표현＋of＋관계대명사」 표현이다. 이때 관계대명사는 전치사 of의 목적격이기 때문에 선행사가 사물인 경우 which를, 사람인 경우 whom을 쓰는 것에 주의한다. 이 문장에서는 선행사가 traditions이므로 관계대명사 which를 썼다.
• to follow는 형용사적 용법으로 쓰인 to부정사로 traditions를 꾸민다.

Focus on Sentences

A

1 물속에서의 음속은 공기 중에서보다 4.3배 더 빠르다.

2 어떤 것들은 사람들의 전화기에 문자 메시지로 보내진다. 다른 것은 고객에게 전자 우편으로 보내진다.

3 노인들의 수가 세계적으로 늘어나면서, 요양원에 대한 대안이 추구되고 있다.

4 하지만 두 사람은 흰 당의를 입힌 보통 케이크를 먹기로 결정했다.

B

1 <u>Among the most severe ones is dementia</u>, which affects people's minds.

2 It is no longer necessary to waste paper by printing receipts.

3 <u>Each of them gets their own bedroom</u> while they share the living room and kitchen.

C

1 Sound is created by waves traveling <u>due to the vibrations of molecules.</u>

2 They let stores <u>inform their customers</u> of sales and special deals.

3 Thus they can spend the rest of their lives <u>in comfort.</u>

유형 도전 　②

변형 문제 　비판적인 어조

- -

지문 해석 　요즘 사람들은 아이들이 어른들에게 더 이상 존경을 표하지 않는다는 것에 대해서 자주 언급한다. 어른의 행동 몇몇을 둘러본다면, 그 이유를 아는 것을 어렵지 않다. 존경은 주어지는 것이 아니라 획득돼야 하는 것이다. 어른들은 또한 아이들에게 존경을 보여줄 필요가 있다. 가장 특히 자신과 자신의 교육을 책임지는 어른들에 의해서 그들 자신이 존경 받지 못하는 아이들은 존경에 관한 좋은 것들을 배우지 못할 것이다. 상호 존경은 좋은 관계에서 무엇보다 중요하다. 실례되는 행동은 관계를 망치고 인생의 다른 많은 면으로 넘쳐흐른다. 아이들은 존경이 그들에게 시연되게 함으로써 존경을 이해할 필요가 있다. 슬프게도 학교에서의 몇몇 절망적인 어른들은 무례하게 행동한다. 더 나쁜 것은 그들은 그들의 강력한 지위를 사용해서 그 무례를 감춘다. 아이들은 누가 존경을 받을만한지 아닌지에 관해서 어른들이 생각하는 것보다 더 많이 안다.

문제 해설 　②번 문장에서 주어는 Children이므로 단수동사인 is가 아닌 복수 동사인 are가 나와야 한다.

① 주어 자리에 나온 it은 형식상의 주어이고, 'to see ~' 이하는 내용상의 주어이다.

③ overflows는 앞에 나온 destroys와 접속사 and를 통해 병렬적으로 연결되어 있다.

④ having it demonstrated에서 it은 respect를 지칭하므로. 수동태인 demonstrated가 나오는 것이 적절하다.

⑤ 전치사 다음에는 동명사가 나오므로, using이 나오는 것이 적절하다.

변형 문제 　존경할 수 없는 행동을 하는 어른들에 대해 비판적으로 언급하고 있다.

구문 해설 　**4행** **Children** [*who are not respected themselves, most particularly by the people who are in charge of them and their education*], **are** not going to learn the good things about respect.

　• 문장의 주어는 Children이고, 이어지는 동사는 are이다.

　• [ ]로 표시된 부분은 Children을 수식하는 관계절이다.

7행 Children need to understand respect by **having it demonstrated** to them.

　• 「have+목적어+p.p.」의 구문이 사용되었는데, it은 respect를 지칭하므로, 과거분사인 demonstrated가 나왔다.

9행 Children know [**more than adults like to think**] about [*who deserves respect or not*].

　• 첫 번째 [ ]는 동사 know의 목적어이다.

　• 두 번째 [ ]는 전치사 about의 목적어이다.

17 Cleaning Up Space Junk

pp. 058 ~ 059

정답
1 ② 2 ④ 3 ③ 4 drag down, destroy even more satellites
5 ⓐ orbiting ⓑ working

지문 해석

2018년 4월에 중국의 우주 정거장인 톈궁 1호가 지구 대기에 들어와서 태평양에 추락했다. 8.5톤 무게의 우주 정거장이 만약 사람들이 사는 곳에 부딪혔다면 심각한 피해를 일으킬 수도 있었을 것이다.

그 우주 정거장은 지구 둘레를 돌고 있는 동안은 단지 또 하나의 우주 쓰레기였다. 미국 우주 항공국은 지구 둘레를 돌고 있는 구슬만 한 또는 더 큰 우주 쓰레기가 50만 개가 넘는다고 주장한다. 더 작은 우주 쓰레기는 수백만 개가 더 있다. 우주 쓰레기는 많은 문제를 제기한다. 그것은 지구에 추락할 수 있다. 그것은 또한 궤도 상에 있는 우주선, 로켓, 또는 인공위성과 부딪힐 수 있다.

유럽의 항공 우주 산업 회사인 에어버스는 우주 쓰레기를 없애기 위해 무언가를 하려고 시도하고 있다. 그것은 우주 작살을 개발하고 있다. 작살은 인공위성에 쏘아질 것이다. 그런 다음 그것은 지구의 대기권으로 인공위성을 끌어올 것이다. 작살은 인공위성이 지구의 어디에 떨어질지를 조종할 것이기 때문에 땅에 있는 사람들 중 아무도 다치지 않을 것이다.

에어버스의 임원들은 엔비셋(Envisat)을 끌어내리기 위해 작살을 사용하기를 바란다. 그것은 더 이상 작동하지 않는 8.8톤짜리 인공위성이다. 작살이 성공적이라면 작동을 멈춘 더 많은 인공위성들을 파괴하기 위해 사용될 것이다. 이 방법으로 그것은 우주 공간을 청소하는 것을 도울 수 있다.

문제 해설

1 우주 쓰레기를 없애기 위한 하나의 방법으로 개발 중인 우주 작살에 대한 내용이 이 글의 중심 내용을 이루고 있으므로, ② '우주 공간을 청소하는 한 가지 가능한 방법'이 글의 주제로 가장 적절하다.

① 우주 쓰레기의 수량
③ 중국의 우주 정거장 톈궁 1호
④ 우주 쓰레기가 너무 많이 있는 이유
⑤ 우주 쓰레기에 의해 다친 사람들

2 이 글에서는 우주 쓰레기가 일으킬 수 있는 문제로 우주 쓰레기가 지구에 추락할 수도 있고, 또한 궤도 상에 있는 우주선, 로켓, 또는 인공위성과 부딪힐 수 있는 점을 언급했다. (9~10행)

[문제] 글에 따르면 우주 쓰레기의 문제는?

3 주어진 문장이 쏘아진 작살이 할 일(지구의 대기권으로 인공위성을 끌어옴)을 설명하는 문장 앞인 ③에 들어가는 것이 흐름상 적절하다.

작살은 인공위성에 쏘아질 것이다.

4 에어버스의 임원들은 더 이상 작동하지 않는 인공위성 엔비셋을 끌어내리기 위해 작살을 사용하기를 바라고, 또한 작살이 성공적일 경우 작동을 멈춘 더 많은 인공위성들을 파괴하기 위해 작살을 사용할 것이라고 했다. (16~18행)

Q 에어버스의 임원들은 작살을 어떻게 사용하고 싶어 하는가?

A 그들은 엔비셋(Envisat)을 끌어내리고 작동을 멈춘 더 많은 인공위성들을 파괴하고 싶어 한다.

5 ⓐ 우주 쓰레기가 지구 둘레를 '돌고 있는' 상태를 설명하는 것이므로 현재분사의 형태를 취해야 한다.

ⓑ 문맥상 '작동하는 것을 멈춘'이라는 의미를 나타내야 하므로, '~하는 것을 멈추다'를 의미하는 「stop+-ing」구문이 쓰인 것을 알 수 있다. 따라서 주어진 단어는 동명사의 형태를 취해야 한다.

1행 In April 2018, ***Tiangong 1*, a Chinese space station**, *entered* the Earth's atmosphere and crashed into the Pacific Ocean.

- a Chinese space station은 *Tiangong 1*과 동격으로, *Tiangong 1*을 부가 설명하는 역할을 한다.
- enter는 '~에 들어가다'라는 뜻을 나타내며, 뒤에 전치사가 필요 없는 타동사이다.

10행 It **could** crash into the Earth. It **could** also hit spaceships, rockets, or satellites in orbit.

- could는 '~할 수도 있다'라는 뜻으로, 가능성을 나타내는 조동사로 쓰였다.

14행 **Since** the harpoon will control (*the place*) *where* the satellite falls to the Earth, nobody on the ground will get hurt.

- since는 '~ 때문에'라는 뜻으로, 이유를 나타내는 접속사로 쓰였다.
- where는 장소의 관계부사로, 앞에 선행사 the place가 생략되었다.
- 「get+형용사」는 '~하게 되다'라는 뜻을 나타낸다.

17행 If the harpoon is successful, it will be used **to destroy** even more satellites *that* have stopped working.

- to destroy는 부사적 용법으로 쓰인 to부정사로 목적을 나타낸다.
- that은 주격 관계대명사로, 선행사는 even more satellites이다.
- have stopped는 결과를 나타내는 현재완료이다.

18 BurgerFest

pp. 060 ~ 061

정답 1 ④ 2 ⑤ 3 (1) F (2) T 4 hamburger 5 ground beef

지문 해석 오늘날 세계에서 가장 인기 있는 패스트푸드 중 하나는 햄버거이다. 그러나 첫 번째 햄버거가 언제 만들어졌는지를 실제로 아는 사람들은 거의 없다.

(C) 전설에 따르면, 1885년에, Frank와 Charles Menches라는 두 형제는 축제에서 일하고 있었다. 그들은 많은 축제에 참여한 음식 노점상이었다. 그 날 Menches 형제는 돼지고기 소시지를 요리하고 있었다. 그들의 음식은 인기가 있어서 소시지는 빠르게 떨어졌다.

(A) 형제 한 명이 돼지고기를 더 사기 위해 정육점에 갔다. 정육점 주인은 돼지고기가 전혀 없어서 그 형제에게 간 소고기를 약간 팔았다. 형제는 축제 마당에 돌아가서 커피 가루와 다른 재료들을 약간 첨가한 다음 고기를 구웠다. 어떤 손님이 그 음식을 매우 좋아해서 그것의 이름이 무엇인지 물었다. 형제 중 한 명이 고개를 들어 '함부르크 축제 마당'을 나타내는 표지판을 보았다. 그는 손님에게 돌아서서 "아, 그것은 햄버거입니다."라고 말했다.

(B) 그렇게 해서 햄버거가 생겨나게 된 것이었다. 여러 해 동안 아무도 햄버거의 발명을 축하하지 않았다. 그 후 1985년에 함부르크 마을의 함부르크 축제 마당에서 버거 축제가 열렸다. 그것은 햄버거가 발명된 바로 그 장소에서 햄버거를 기념했다. 축제는 매년 열리고 사람들은 음악을 듣고, 즐기고, 물론 햄버거를 먹기 위해 거기에 간다.

문제 해설 1 (C) 축제에 참여한 Menches 형제가 준비한 소시지가 떨어져서 (A) 소시지 대신 산 간 소고기로 만든 음식의 이름을 햄버거라고 붙이게 되었고 (B) 그 후 함부르크에서 햄버거를 기념하는 축제가 열리게 되었다는 전개가 글의 흐름상 자연스럽다.

2 축제가 누구에 의해서 열리게 되었는지는 이 글에 언급되어 있지 않다.

3 (1) Menches 형제는 간 소고기에 다른 재료들을 약간 첨가해서 햄버거를 만들었다고 했다. (4~6행)
　(2) 햄버거는 함부르크 마을의 함부르크 축제 마당에서 발명되었다. (7~8행)

　[문제] 글의 내용과 일치하면 T, 그렇지 않으면 F를 쓰시오.
　　(1) Menches 형제는 돼지고기 소시지로 햄버거를 만들었다.
　　(2) 햄버거는 함부르크 축제 마당에서 발명되었다.

4 one은 앞 문장에 나온 hamburger를 가리킨다.

5 Menches 형제는 간 소고기에 커피 가루와 다른 재료를 첨가해서 첫 번째 햄버거를 만들었다고 했다. (4~6행)

    Q 첫 번째 햄버거에는 어떤 종류의 고기가 들어 있었는가?

    A 간 소고기가 들어 있었다.

구문 해설   **1행** Today, **one of the world's most popular fast foods is** the hamburger.
- 「one of the + 최상급 + 복수명사」는 '가장 ~한 …들 중의 하나'라는 뜻을 나타낸다. 뒤에 오는 동사가 단수형 is라는 점에 주의한다.

    10행 That was **how** the hamburger got its start.
- how는 방법의 관계부사로, how가 관계부사로 쓰인 경우 선행사 the way나 how 중 하나를 반드시 생략해야 하는 점에 주의한다.

    14행 The festival takes place every year, and people go there **to listen** to music, (*to*) be entertained, and, of course, (*to*) eat hamburgers.
- to listen은 부사적 용법으로 쓰인 to부정사로, 목적을 나타낸다.
- be entertained, eat hamburgers 앞에는 중복을 피하기 위해 각각 to부정사의 to가 생략되었다.

    17행 They were food vendors **who** attended many fairs.
- who는 주격 관계대명사로, 선행사는 food vendors이다.

19 Helpusgreen

pp. 062 ~ 063

정답   1 ②   2 ①   3 ⑤   4 꽃이 갠지스 강에 던져지는 것   5 more than 1.5 tons of flowers

지문 해석   인도에서는 사람들이 사원과 다른 신성한 장소를 방문할 때 자신의 헌신을 보여주기 위해 꽃을 놓아둔다. 8억 톤이 넘는 꽃이 사원과 다른 장소에 버려진다. 하지만 문제가 있다. 그 꽃은 숭배하기 위해 사용되었으므로 그냥 버려질 수 없다.

    하나의 해결책으로 꽃은 흔히 갠지스 강에 던져진다. 이것은 그 다음에 또 다른 문제를 만든다. 강은 이미 오염되었다. 꽃이 더해질 때 그것에 있는 농약과 다른 화학 약품이 강에 들어가서 강을 더 더럽게 만든다. 많은 사람들은 커다란 문제점을 보았지만 Ankit Agarwal과 Karan Rastogi는 해결책을 보았다.

    그들은 강에서 꽃을 모으기 위해 사람들을 고용했다. 그런 다음, 그들은 그것들로 상품을 만들었다. 그 상품들 중에는 향, 목욕 비누, 그리고 퇴비가 있었다. 처음에 사람들은 두 남자가 미쳤다고 생각했지만, 그들의 사업은 성장하기 시작했다.

    오늘날 Helpusgreen이라 불리는 그들의 회사는 매일 1.5톤이 넘는 꽃을 모은다. 사업은 확장되고 수익을 내고 있다. 그리고 꽃은 신성한 목적을 위해 쓰인다. 향은 의식 절차에 쓰이고 동시에 비누는 사람들의 몸을 정화한다. 마지막으로 퇴비는 땅 속으로 들어가서 새로운 꽃이 자라나게 돕는다.

문제 해설   **1** Ankit Agarwal과 Karan Rastogi라는 인도 사람이 환경 오염을 불러 일으키는 대량의 버려진 꽃이라는 문제를 해결한 방법에 관한 글이므로, ② '큰 문제에 대한 간단한 해결책'이 글의 제목으로 가장 적절하다.

    ① 인도의 예배 장소들
    ③ 갠지스 강의 꽃
    ④ 꽃의 다양한 사용법
    ⑤ 인도에서 가장 빠르게 성장하는 회사

    2 강에 꽃이 더해져서 강이 더 더러워진다는 내용이 이어지므로 빈칸에는 ① '오염된'이라는 말이 알맞다.

28 내공 고등영어독해 기본

        ② 혼잡한 ③ 긴 ④ 이해하기 힘든 ⑤ 물에 잠긴

3 ⑤ '인도 사람들은 매년 꽃을 사는 데 얼마나 많은 돈을 쓰는가?'에 관한 내용은 언급되지 않았다.

  ① 누가 Helpusgreen을 설립했는가? (10~11행)

  ② 인도 사람들은 왜 사원에 꽃을 두고 오는가? (1~3행)

  ③ 얼마나 많은 꽃이 인도의 사원과 다른 신성한 장소에 버려지는가? (3~4행)

  ④ Helpusgreen은 어떤 종류의 제품을 만드는가? (13~14행)

4 This는 앞 문장의 내용인 꽃이 갠지스 강에 버려지는 것을 가리킨다.

5 Helpusgreen은 매일 1.5톤이 넘는 꽃을 모은다고 했다. (16~17행)

  Q Helpusgreen은 매일 얼마나 많은 꽃을 모으는가?

  A 매일 <u>1.5톤이 넘는</u> 꽃을 모은다.

구문 해설

1행 In India, **when** people visit temples and other holy places, they leave flowers *to show* their devotion.

- when은 '~할 때'라는 뜻으로, 시간을 나타내는 접속사로 쓰였다.
- to show는 부사적 용법으로 쓰인 to부정사로, 목적을 나타낸다.

13행 **Among the products were incense sticks, bathing soap, and compost.**

- 「부사구+동사+주어」의 문장 구조로, 부사구를 강조하기 위해 문장의 맨 앞으로 보낸 후 주어와 동사가 도치되었다.

14행 At first, people **thought (that) the two men** were crazy, but their business began to grow.

- thought와 the 사이에 목적어절을 이끄는 접속사 that이 생략되어 있다.

19행 Finally, the compost goes into the ground, **where** it *helps new flowers grow*.

- where는 계속적 용법의 관계부사로, and there로 바꿔 쓸 수 있다.
- 「help+목적어+(to)동사원형」은 '~가 …하는 것을 돕다'라는 뜻을 나타낸다.

20 Film Company Logos

pp. 064 ~ 065

정답   1 ②   2 ⑤   3 the Andes Mountains in Peru   4 bankrupt

Summary appear, places, inspired, mountain

지문 해석   다음 번에 영화를 볼 때는 영화가 시작할 때 세심하게 주의를 기울여라. 그것은 그 영화를 만든 영화사의 로고가 나타날 때이다. 어떤 로고들은 단순하며 그냥 회사의 이름을 보여준다. 다른 것들은 트라이스타의 로고처럼 동물이 있다. 월트 디즈니 픽처스와 파라마운트의 두 로고는 실제 장소를 보여준다.

    월트 디즈니 픽처스의 로고에는 성이 있다. 그것은 잠자는 미녀의 성이라고 불린다. 당신은 이 동화 속 성을 미국에 있는 디즈니랜드에서 볼 수 있다. 이 성 자체는 실제 장소인 노이슈반스타인 성에서 영감을 얻었다. 그것은 1800년대에 바이에른의 루드비히 2세에 의해 의뢰되었다. 그것은 유럽에서 가장 인상적인 건축물 중 하나이다. 성은 높은 산에 있고, 그것의 건축은 왕을 파산시켰다. 오늘날 노이슈반스타인 성은 수백만 명이 방문한 인기 있는 관광 명소이다.

    파라마운트의 로고는 다른 봉우리들 위로 솟아오르는 눈 덮인 바위투성이 산을 특징으로 삼는다. 많은 사람들이 그것을 에베레스트 산이라고 추측하지만 그들은 잘못 알고 있다. 그것은 아르테손라후 산으로 페루의 안데스 산맥에 있는 산이다. 그것은 높이 6천 미터 이상이며 가파른 경사면, 두껍게 덮인 눈, 그리고 세찬 바람 때문에 올라가는 일이 드물다. 사실 파라마운트 사는 과거에 몇 개의 로고가 있었다. 그것들 모두 아르테손라후 산과 같은 산이었다.

1 유명한 영화사인 월트 디즈니 픽처스와 파라마운트의 로고에 관해 설명하는 글이므로, ② '몇몇 영화사의 로고가 무엇인지'가 이 글의 주제로 가장 적절하다.

　[문제] 글의 주제로 가장 적절한 것은?
　　　① 영화사들은 왜 로고가 있는지
　　　③ 영화사들의 로고가 어떻게 바뀌었는지
　　　④ 어떤 영화사의 로고가 인기가 있는지
　　　⑤ 영화사들은 언제 로고를 쓰기 시작했는지

2 노이슈반스타인 성은 유럽에서 가장 인상적인 건축물 중 하나로, 높은 산에 있다고 했다. (12행)

　[문제] 노이슈반스타인 성에 관한 설명으로 맞는 것은?
　　　① 미국의 디즈니랜드에 있다.
　　　② 잠자는 미녀의 성에 의해 영감을 받았다.
　　　③ 1800년대에 인기 있었던 관광 명소였다.
　　　④ 유럽에 있는 동화 속의 성이다.
　　　⑤ 산 속에 지어졌다.

3 파라마운트의 로고에 쓰인 아르테손라후 산은 페루의 안데스 산맥에 있는 산이라고 했다. (17~18행)

　[문제] 아르테손라후 산은 어디에 있는가?
　　　→ 페루의 안데스 산맥에 있다.

4 '가진 돈 모두를 잃거나 써버리게 하는 것'이라는 뜻을 가진 단어는 bankrupt(파산시키다)이다. (13행)

　[문제] 다음 주어진 뜻을 가진 단어를 글에서 찾아 쓰시오.

Summary [문제] 아래 주어진 단어나 어구를 활용해 빈칸을 채우시오.

나타나다	산	영감을 줬다	장소들

영화사의 로고는 영화가 시작할 때 화면에 <u>나타난다</u>. 몇몇 로고들은 <u>장소들</u>을 보여준다. 월트 디즈니 픽처스의 로고에 있는 성은 잠자는 미녀의 성이라고 불린다. 그것은 바이에른에 있는 노이슈반스타인 성에 의해 <u>영감</u>을 얻었다. 파라마운트의 로고는 눈 덮인 바위투성이 <u>산</u>을 보여준다. 그것은 아르테손라후 산으로, 그것은 페루의 안데스 산맥에 있다.

구문 해설

1행 The next **time (when) you** watch a movie, pay close attention *as* it begins.
　• time과 you 사이에 시간의 관계부사 when이 생략되어 있다.
　• as는 '~할 때'라는 뜻으로, 시간을 나타내는 접속사로 쓰였다.

4행 Some logos are simple, **showing just the name of the company**.
　• showing just the name of the company는 부대상황을 나타내는 분사구문으로, and they show just the name of the company로 바꿔 쓸 수 있다.

9행 This castle **itself** was inspired by *an actual place, Neuschwanstein Castle*.
　• itself는 '그 자신'이라는 뜻을 나타내는 재귀대명사로, 주어를 강조하는 강조 용법으로 쓰였다.
　• an actual place와 Neuschwanstein Castle은 동격이다.

16행 **While** many assume (*that*) it is Mount Everest, they are mistaken.
　• while은 '~이지만'이라는 뜻으로, 대조를 나타내는 접속사로 쓰였다.
　• assume과 it 사이에 목적어절을 이끄는 접속사 that이 생략되어 있다.

Focus on Sentences

p. 066

A 1 그것이 만약 사람들이 사는 곳에 부딪혔다면 심각한 피해를 일으킬 수도 있었을 것이다.

2 첫 번째 햄버거가 언제 만들어졌는지를 실제로 아는 사람들은 거의 없다.

3 많은 사람들은 커다란 문제점을 보았지만 Ankit Agarwal과 Karan Rastogi는 해결책을 보았다.

4 성은 높은 산에 있고, 그것의 건축은 왕을 파산시켰다.

B 1 There are more than 500,000 pieces of space junk orbiting the Earth.

2 Finally, the compost goes into the ground, where it helps new flowers grow.

3 This castle itself was inspired by an actual place, Neuschwanstein Castle.

C 1 In April 2018, *Tiangong 1* entered the Earth's atmosphere and crashed into the Pacific Ocean.

2 Their food was popular, so they quickly ran out of sausages.

3 The next time you watch a movie, pay close attention as it begins.

Try It! 수능

p. 067

유형 도전 ⑤

변형 문제 5.3

지문 해석 위 그래프는 2008년 필리핀에서의 읽고 쓸 줄 하는 사람들의 비율(식자율)과 성별에 따른 15~24세 사람들의 읽고 쓰는 능력을 보여준다. 청소년들의 기본적이고 기능적인 읽고 쓸 줄 아는 비율은 각각 97.8퍼센트와 91.3퍼센트이다. 기본적이고 기능적인 읽고 쓸 줄 아는 비율은 남성들과 비교하여 여성 청소년들 사이에서 더 높다. 남성과 여성 청소년의 기본적인 읽고 쓸 줄 아는 비율은 남성과 여성 청소년의 기능적인 읽고 쓸 줄 아는 비율보다 더 높다. 남성 청소년의 기본적인 읽고 쓸 줄 아는 비율과 기능적인 읽고 쓸 줄 아는 비율 사이의 차이는 여성 청소년보다 더 크다. 남성과 여성 청소년의 기본적인 읽고 쓸 줄 아는 능력의 차이는 남성과 여성 청소년의 기능적인 읽고 쓸 줄 아는 비율보다 더 높다.

문제 해설 기본적인 읽고 쓸 줄 아는 능력이 아닌 기능적인 읽고 쓸 줄 아는 능력에서 남성과 여성의 차이가 더 컸으므로, ⑤는 도표의 내용과 일치하지 않는다.

변형 문제 남성과 여성 청소년의 기능적인 읽고 쓸 줄 아는 능력의 차이는 5.3 퍼센트 포인트이다.

구문 해설 **3행** Both the basic and functional literacy rates are higher among female adolescents [**compared to their male counterparts**].

· [ ]로 표시된 부분은 분사구로, compared to ~는 '~와 비교하여'의 의미이다.

6행 The **gap** between the basic literacy rate and functional literacy rate of male adolescents **is** greater than *that* of female adolescents.

· 주어의 핵은 gap이고, 여기에 이어지는 동사는 is이다.

· 대명사 that은 The gap between the basic literacy rate and the functional literacy rate를 지칭한다.

21 Elon Musk: The Man Who Wants to Go to Mars
pp. 070 ~ 071

정답   1 ③   2 ①   3 (1) F (2) T   4 ⓐ going ⓑ living   5 Mars

지문 해석   남아프리카 공화국에서 자라면서 Elon Musk는 자주 별들을 보고 우주에 대해 생각했다. 그의 꿈들 중 하나는 화성에 가는 것이었다. 그 꿈은 곧 현실이 될지도 모른다.

페이팔의 공동 창립자이고 테슬라 모터스의 소유주인 Musk는 수십억 달러의 가치가 있는 사람이다. 그는 또한 SpaceX의 창립자이다. 그것은 로켓과 우주선을 만들고 발사한다. 그것은 인공위성들을 우주에 보내고 국제 우주 정거장에 물자를 나른다.

Musk는 미래에 대해 끊임없이 생각한다. 그는 초고속 교통 수단인 하이퍼루프를 개발하고 있다. 그는 인공 지능과 그것이 야기하는 위험을 염려한다. 그는 또한 지구에서의 사건들에 대해 걱정하고 있다. 그는 인간이 지구에 머무른다면 멸종 사건이 인간을 전멸시킬 수 있다고 생각한다. 그 결과 그는 화성에 가는 것에 주력하고 있다.

Musk가 꿈꾸는 화성 식민지에는 거주하는 사람이 백만 명 정도일 것이다. 그 행성에서 사람들이 계속 살 수 있도록 물자를 보내야 하기 때문에 여기에는 많은 비행을 필요로 할 것이다. Musk는 2022년에 자신의 첫 번째 로켓을 화성에 보낼 것을 계획한다. 2년마다 로켓들이 화성에 2 또는 3톤의 물자를 보낼 것이다. 아마도 이후에 곧, Musk가 꿈꾸는 대로, 최초의 인류가 살기 위해 붉은 행성에 갈 것이다.

문제 해설   **1** ③을 제외한 나머지는 Elon Musk가 만들었거나 개발하고 있는 것이다. Elon Musk는 인공 지능과 그것이 야기하는 위험을 염려한다고 했다. (11~12행)

2 앞 문장에서 Elon Musk가 염려하는 문제들에 관해 언급한 후, 그가 염려하는 문제들을 뒷문장에서 추가로 제시하므로 빈칸에는 ① '~에 관해 걱정하는'이라는 말이 알맞다.

[문제] 글의 빈칸에 들어갈 말로 가장 적절한 것은?
          ② ~에 기뻐하는 ③ ~에 만족하는 ④ ~에 놀란 ⑤ ~에 관해 슬퍼하는

3 (1) Elon Musk는 페이팔의 공동 창립자라고 했다. (5행)
   (2) Elon Musk는 2022년에 자신의 첫 번째 로켓을 화성에 보내려고 계획한다고 했다. (17~18행)

    (1) Elon Musk는 페이팔을 혼자 개발했다.
    (2) Elon Musk는 2022년에 화성으로 로켓을 보내고 싶어 한다.

4 ⓐ 전치사 on의 목적어의 역할을 해야 하므로 동명사의 형태를 취해야 한다.
   ⓑ '거기(화성)에 거주하는'이라는 뜻으로 앞에 있는 a million people을 꾸며야 하므로 현재분사의 형태를 취해야 한다.

5 the Red Planet은 앞에서 언급한 화성을 가리킨다.
   Q 밑줄 친 ⓒthe Red Planet이 나타내는 것은?
   A 화성

구문 해설   **1행** **Growing up in South Africa**, Elon Musk often looked at the stars and thought about space.
    • Growing up in South Africa는 분사구문으로, While he grew up in South Africa로 바꿔 쓸 수 있다.

3행 One of his dreams was **to go** to Mars.
    • to go는 명사적 용법으로 쓰인 to부정사로, 보어의 역할을 한다.

13행 He **believes (that) an** extinction event *could* wipe out humans if they stay on the Earth.
    • believes와 an 사이에 목적어절을 이끄는 접속사 that이 생략되어 있다.
    • could는 '~할 수도 있다'라는 뜻으로, 가능성을 나타내는 조동사로 쓰였다.

Perhaps soon afterward, **as** Musk dreams, the first humans will go *to live* on the Red Planet.

- as는 '~하는 대로, ~처럼'의 뜻으로, 양태를 나타내는 접속사로 쓰였다.
- to live는 부사적 용법으로 쓰인 to부정사로, 목적을 나타낸다.

22 A New Way to Grow Crops

정답

1 ①   2 ④   3 ②   4 수십 억 명의 사람들이 충분한 식량을 구하지 못하는 것

5 a kind of radiation with wavelengths shorter than those of visible light

지문 해석

세계의 인구는 급속히 증가하고 있다. 2050년쯤에는 지구 상에 거의 백억 명에 가까운 사람들이 있을 것이다. 그러나 농지의 면적은 증가하고 있지 않다. 그리고 많은 나라가 사람들을 먹이는 것에 벌써 어려움을 겪고 있다. 만약 인구가 더 많이 증가한다면, 수십 억 명의 사람들이 먹을 충분한 식량을 구하지 못할 것이다.

뉴질랜드에 기반을 둔 한 회사는 이 문제에 대해 무언가를 하기를 바란다. 그것은 농부들의 농작물 수확량을 개선할 새로운 방법을 발견했다. 그것은 바로 자외선을 이용하는 것이다. 자외선은 가시광선보다 짧은 파장을 가진 일종의 복사이다. 그래서 그것은 사람들에게 보이지 않는다. 그럼에도 불구하고 농작물에 대한 그것의 효과는 엄청나다.

식물은 자외선에 노출되었을 때 더 많은 과일, 야채, 또는 곡식을 생산한다. 그것들은 또한 특정 질병과 해충에 대한 저항력을 얻는다. 그것들은 또한 땅에서 얻는 비료와 영양분을 더 효과적으로 사용할 수 있다. 이것은 많은 나라에서 신선한 물의 공급이 부족하기 때문에 중요하다. 그 회사는 미국과 멕시코에 있는 몇몇 농부들이 농작물 생산량을 22퍼센트까지 증가시키는 것을 도왔다. 현재 그것은 양상추, 토마토, 브로콜리, 그리고 딸기 같은 식물에 주력하고 있다. 미래에 그것은 다른 식물에 자외선을 사용할 것이다. 그것이 농부들이 기르는 식량의 양을 증가시키는 데 성공하기를 바란다.

문제 해설

1 이 글은 세계의 인구가 빠르게 증가하고 있으므로 많은 나라가 미래에 더 많은 식량을 필요로 할 것이라는 점을 시사하고 있다.

[문제] 글이 시사하는 바는?

2 자외선이 식물의 성장 속도에 미치는 영향에 관해서는 이 글에 언급되어 있지 않다.

3 ②를 제외한 나머지는 자외선을 이용하여 농작물 수확량을 개선하는 연구를 하는 회사를 가리킨다. 반면에 ②'가시광선보다 짧은 파장을 가진 일종의 복사' 즉, '자외선'을 가리킨다.

4 this problem은 앞 문단에서 언급한 내용인 '수십 억 명의 사람들이 충분한 식량을 구하지 못하는 것'을 가리킨다.

5 자외선은 가시광선보다 짧은 파장을 가진 일종의 복사라고 했다. (9~10행)

Q 자외선은 무엇인가?

A 그것은 가시광선보다 짧은 파장을 가진 일종의 복사이다.

구문 해설

By 2050, there will be close to 10 billion people *living on the Earth*.

- by는 시간을 나타내는 전치사로, '~쯤에는, ~까지는'이라는 뜻을 나타낸다.
- 10 billion people을 현재분사구 living on the Earth가 꾸민다.

It **has discovered** a new way *to improve* the yields of farmers' crops.

- has discovered는 결과를 나타내는 현재완료로, 농부들의 농작물 수확량을 개선할 새로운 방법을 발견하여 그 결과 현재에 영향을 끼치고 있음을 나타낸다.
- to improve는 형용사적 용법으로 쓰인 to부정사로, 앞에 있는 a new way를 꾸민다.

UV light is a kind of radiation with wavelengths shorter than **those** of visible light.

　• those는 앞에 나온 wavelengths의 반복을 피하기 위해 사용한 지시대명사이다.

16행 The company has **helped increase** crop yields for some farmers in the United States and Mexico by 22%.

　• 「help+(to)동사원형」은 '~하는 것을 돕다'라는 뜻이다.

23 **Nonverbal Behavior**

정답 　1 ④ 　　2 ② 　　3 ④ 　　4 smiles 　　5 eye muscles

지문 해석 　　사람들은 흔히 다른 사람과 말로 의사소통을 한다. 그러나 그들은 말을 하고 있는 동안 또 다른 방법으로도 의사소통을 하고 있다. 그들은 비언어적 행동을 하고 있다. 이 행동에는 셀 수 없이 많은 유형이 있는데 그것은 총괄하여 몸짓 언어로 알려져 있다. 사람들이 어떻게 몸짓 언어를 사용하는지를 검토함으로써 다른 사람들은 그 개개인에 대해 많은 것을 알 수 있다.

　　비언어적 행동을 통해 힘과 우월함을 표현하는 많은 방법이 있다. 예를 들어, 사람들은 손발을 뻗어서 자신을 더 크게 만들 수 있다. 대회의 우승자들은 보통 우월함을 보여주기 위해 자신의 팔을 머리 위로 높이 뻗는다. 그에 반해서, 더 약한 사람들 또는 더 우월한 사람들에게 굴복하는 사람들은 자신을 더 작게 만든다. 그들은 공 모양으로 웅크리거나, 몸을 굽히거나, 또는 무릎을 가슴 위로 끌어 당긴다.

　　얼굴의 표정은 몸짓 언어의 또 다른 유형이다. 사람들이 눈을 많이 깜박일 때는 자신이 스트레스를 받고 있다는 것을 보여주고 있는 것이다. 그러나 그들은 눈을 덜 깜박임으로써 다른 사람들에게 자신이 몸을 제어하고 있다는 것을 보여줄 수 있다. 사람들은 미소가 그들이 행복하고 만족하고 있다는 것을 의미한다고 생각하지만 그것은 항상 옳은 것은 아니다. 입술로만 짓는 미소는 가짜인 경향이 있다. 진짜 미소는 눈 근육도 사용하는 것이다.

문제 해설 　1　이 글은 사람들이 의사소통을 하는 방법의 하나인 비언어적 행동에 관한 글이므로 ④ '사람들이 말하지 않고 의사소통을 하는 방법들'이 주제로 적절하다.

　　[문제]　글의 주제로 가장 적절한 것은?

　　　　　① 사람들이 지배적인 행동을 보여주는 이유들

　　　　　② 각기 다른 종류의 얼굴 표정들

　　　　　③ 언어적으로 그리고, 비언어적으로 의사소통하기

　　　　　⑤ 몸짓 언어의 중요성

　2　자신을 더 크게 만들려고 시도하는 사람들은 자신의 힘과 우월함을 표현하려는 사람들이다. (9~10행)

　3　(A) 앞 문장에서 강한 사람들이 자신의 힘과 우월함을 보이기 위해 하는 비언어적 행동에 관한 내용이 나오고, 뒷문장에서는 약한 사람들이 자신을 더 작게 만들기 위해 하는 비언어적 행동에 관한 내용이 나오므로 빈칸 (A)에는 '그에 반해서'라는 뜻의 어구가 들어가야 한다. (B) 앞 문장에서 눈을 많이 깜박이는 것이 나타내는 것에 대해 설명하고, 뒷문장에서는 눈을 덜 깜박이는 것이 나타내는 것에 관한 내용이 나오므로 빈칸 (B)에는 '그러나'라는 뜻의 말이 들어가는 것이 자연스럽다.

　　① 그 결과 – 그러나 　② 그 결과 – 그래서 　③ 그 결과 – 그리고 　④ 그에 반해서 – 그러나 　⑤ 그에 반해서 – 그래서

　4　ones는 앞에 나온 smiles를 가리킨다.

　5　진짜 미소는 '눈 근육'을 사용한다고 했다. (20행)

　　Q　진짜 미소는 무엇을 사용하는가?

　　A　그것은 눈 근육을 사용한다.

5행 By examining **(the way) how** people use body language, *it* is possible for others *to tell a lot about those individuals*.

- how는 방법을 나타내는 관계부사이다. 관계부사 how는 관계부사나 선행사 둘 중 하나를 반드시 생략해야 하는데, 여기서는 선행사 the way를 생략했다.
- 진주어 to tell a lot about those individuals 대신 주어 자리에 가주어 it을 썼다.
- for others는 진주어 to tell a lot about those individuals의 의미상 주어이다.

8행 There are many ways **to express** power and dominance through nonverbal behavior.

- to express는 형용사적 용법으로 쓰인 to부정사로, 앞에 있는 many ways를 꾸민다.

18행 People think that smiles **mean (that) they** are happy or content, but that is *not always* true.

- mean과 they 사이에 목적어절을 이끄는 접속사 that이 생략되어 있다.
- not always는 '항상 ~인 것은 아니다'라는 뜻으로, 부분 부정을 나타낸다.

20행 Genuine smiles are **those** *that* also use the eye muscles.

- those는 앞에 나온 smiles의 반복을 피하기 위해 사용한 지시대명사이다.
- that은 주격 관계대명사이다.

24 Russian Food

정답 1 ③ 2 ⑤ 3 a cabbage roll stuffed with pork or beef, a tomato sauce 4 wholesome

Summary meals, cuisine, popular, overcome

지문 해석 러시아는 유럽과 아시아 모두에 위치한 거대한 나라이다. 그곳의 날씨는 종종 섭씨 0도 보다 한참 아래로 떨어지는 기온으로 혹독하다. 대부분의 러시아 사람들은 과거에 소작농이었다. 그들은 열심히 일했고 힘든 삶을 살았다. 그러므로 러시아 음식이 푸짐하고 건강에 좋은 식사로 구성된 것은 전혀 놀라운 일이 아니다.

수프는 러시아 요리의 중요한 부분이고 보르쉬가 가장 잘 알려진 수프이다. 그것은 비트를 넣어 요리해서 빨간색이고 야채와 고기가 듬뿍 들어 있으며 보통 맨 위에 사워 크림을 올려서 낸다. '쉬'는 러시아에서 흔한 야채인 양배추로 만든 수프이다. 그것은 보통 닭고기와 같은 고기뿐만 아니라 감자, 당근, 그리고 양파가 들어간다.

또 다른 양배추 요리인 '갈룹찌'는 러시아 사람들에게 인기가 있다. 이것은 야채뿐만 아니라 돼지고기 또는 쇠고기를 채운 양배추 롤이며 토마토 소스에 넣어 굽는다. '샤슬릭'도 인기 있는 고기 요리이다. 그것은 러시아 케밥으로 고기와 야채가 모두 들어간다. 쇠고기 스트로가노프는 버섯과 감자를 넣은 소스를 넣어 요리한 쇠고기로 감자 또는 국수와 함께 내어진다.

러시아 사람들이 즐기는 많은 다른 요리들이 있다. 대부분은 러시아 사람들이 옛날에 불편한 날씨를 극복하는 것을 돕고자 만들어졌지만 오늘날에도 사람들이 여전히 즐겨 찾는다.

문제 해설 **1** 이 글은 러시아 사람들이 즐기는 요리들에 관해 설명하는 글이므로 정답은 ③ '러시아 사람들이 먹는 다양한 종류의 음식'이 적절하다.

[문제] 글의 주제로 가장 적절한 것은?
① 러시아식 식사를 요리하는 방법
② 러시아 음식에 사용되는 재료들
④ 사람들이 휴일에 먹는 러시아 음식
⑤ 양배추를 사용하는 러시아식 식사

2 러시아 사람들은 대부분의 러시아 전통 요리를 오늘날에도 즐긴다고 했다. (17~19행)

[문제] 러시아 음식에 관한 설명으로 <u>틀린</u> 것은?

① '쉬'는 양배추와 고기가 들어간 수프이다.
② '샤슬릭' 같은 고기와 야채 케밥을 포함한다.
③ 많은 러시아 사람은 보르쉬와 같은 수프를 즐긴다.
④ 고기를 채운 양배추 롤이 인기 있다.
⑤ 오늘날에는 많은 전통 음식을 즐기지 않는다.

3 '갈룹찌'는 야채뿐만 아니라 돼지고기 또는 쇠고기를 채운 양배추 롤이며 토마토 소스에 넣어 굽는 음식이라고 했다.
(12~14행)

[문제] '갈룹찌'는 무엇인가?

→ 그것은 야채뿐만 아니라 돼지고기 또는 쇠고기를 채운 양배추 롤이며 토마토 소스에 넣어 굽는다.

4 '몸을 건강하고 좋은 상태로 유지하는 것에 도움이 되는'이라는 뜻을 가진 단어는 wholesome(건강에 좋은)이다. (5행)

[문제] 다음 주어진 뜻을 가진 단어를 글에서 찾아 쓰시오.

Summary [문제] 아래 주어진 단어나 어구를 활용해 빈칸을 채우시오.

요리	인기 있는	식사	극복하다

러시아 음식은 푸짐하고, 건강에 좋은 식사를 포함하고 있다. 보르쉬와 '쉬'와 같은 수프는 러시아 요리의 중요한 부분이다. 많은 러시아 음식에는 양배추가 들어간다. 하나는 고기와 야채로 속을 채워서 토마토 소스에 구운 양배추 롤인 '갈룹찌'이다. '샤슬릭'과 쇠고기 스트로가노프는 인기 있는 고기 요리다. 대부분의 러시아 음식은 러시아 사람들이 불편한 날씨를 극복하는 것을 돕기 위해 만들어졌다.

구문 해설

2행 The weather there is harsh, **with temperatures often dropping far below zero degrees Celsius**.
• with temperatures often dropping far below zero degrees Celsius는 부대상황을 나타내는 「with+분사구문」이다.

4행 **It** is therefore no surprise **that Russian food is made up of hearty, wholesome meals**.
• 진주어 that Russian food is made up of hearty, wholesome meals 대신 주어 자리에 가주어 it을 썼다.

8행 **Cooked with beets**, *which* give it a red color, it is full of vegetables and meat.
• Cooked with beets는 이유를 나타내는 분사구문으로, As it is cooked with beets로 바꿔 쓸 수 있다.
• which는 주격 관계대명사로, 선행사는 beets이다.
• be full of는 '~로 가득 차다'라는 의미로, be filled with로 바꿔 쓸 수 있다.

17행 The majority were created to **help the Russian people overcome** the unpleasant weather.
• 「help+목적어+(to)동사원형」은 '~가 …하는 것을 돕다'라는 뜻을 나타낸다. help가 준사역동사이기 때문에 목적격보어로 to부정사 또는 동사원형 모두를 쓸 수 있다.

Focus on Sentences

A
1 그는 인공 지능과 그것이 야기하는 위험을 염려한다.
2 그러나 농지의 면적은 증가하고 있지 않다.
3 예를 들어, 사람들은 손발을 뻗어서 자신을 더 크게 만들 수 있다.
4 '쉬'는 러시아에서 흔한 야채인 양배추로 만든 수프이다.

B
1 Materials need to be sent there for people to live on the planet.
2 The weather there is harsh, with temperatures often dropping far below zero degrees Celsius.
3 *Golubtsi* is a cabbage roll stuffed with pork or beef as well as vegetables.

C
1 He believes an extinction event could wipe out humans if they stay on the Earth.
2 Many countries already have trouble feeding their people.
3 By blinking less, they can indicate to others that they are in control of their bodies.

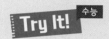

유형 도전 ④

변형 문제 책을 만들기 위해서 사용된 재료

지문 해석 책의 외양과 모양을 고려할 때, 매우 다른 사실과 개념에 대해 생각할 것이다. 넓게 말하자면, 책의 모양은 그것을 만들기 위해서 사용된 재료에 크게 영향을 받는다. 특정한 재료가 특정한 시간에, 특정한 장소에서 선택되는 이유는 결국에는 주로 지리적 이용 가능성에 달려있다. 목재, 잎, 뼈, 또는 나무껍질과 같은 어떤 재료들은 자신을 제안하는 것처럼 보이는데, 세계의 대부분의 지역에서 자유롭게 이용 가능하다. 이렇기에 대나무는 중국에서(행정부가 대나무가 더 이상 자유롭게 이용가능하지 않는 지역으로 옮기자 목재가 대체함) 분명한 선택인 것처럼 보였다. 마찬가지로, 야자수 잎은 인도와 동남아시아에서 사용되었고, 메소포타미아에서는 책은 진흙 벽돌로 만들어졌다.

문제 해설 중국에서는 대나무와 목재, 인도와 동남아시아에서는 야자수 잎, 메소포타미아에서는 진흙 벽돌이 재료로 사용된 이유는 그 지역에서 손쉽게 이용 가능했기 때문이었다. 따라서 빈칸에 ④'지리적 이용 가능성'이 적절하다.
① 종교적인 믿음　　　　② 문화적 전통　　　　③ 정치적인 고려　　　　⑤ 기술적인 발달

변형 문제 'Broadly speaking, the shape of the book is greatly influenced by the material used for its production.'에서 답을 찾을 수 있다. (2~3행)

구문 해설 **2행** **Broadly speaking**, the shape of the book is greatly influenced by the material *used for its production*.
　　• broadly speaking은 독립분사구문으로, '넓게 말하자면'의 의미이다.
　　• used for its production은 앞에 나온 the material을 수식하는 분사구이다.

3행 *The reason* [**why a particular material is chosen at a particular time, in a particular place**], *depends* in turn largely on geographical availability.
　　• [ ]로 표시된 부분은 The reason을 수식하는 관계절이다.
　　• 문장의 주어는 The reason이고, 여기에 이어지는 동사는 depends이다.

6행 In this way bamboo seemed the obvious choice for China (being replaced by wood **once** the administration moved to areas *where bamboo was no longer freely available*).
　　• once는 접속사로, '일단 ~하면'의 의미이다.
　　• where bamboo was no longer freely available는 앞에 나온 areas를 수식하는 관계절이다.

25 The Cereus Plant

pp. 082 ~ 083

정답　1 ①　　2 ⑤　　3 ②　　4 People usually plant flowers that have different sizes and colors.
5 wither and die a few hours

지문 해석　　화원은 전 세계적으로 인기가 있다. 사람들은 보통 각기 다른 크기와 색깔을 가진 꽃을 심는다. 이 꽃들은 봄과 여름에 걸쳐서 핀다. 그것들은 보통 몇 주 동안 꽃이 핀 상태를 유지하므로 사람들은 오랫동안 그 아름다움을 즐길 수 있다. 이제 모든 꽃이 같은 날에 펴서 몇 시간 동안만 피어 있는 화원을 가지는 것을 상상해 보라.

손가락 선인장은 밤에 피는 꽃이다. 그것은 별 같은 꽃을 피우고 꽃잎은 길고 향기롭다. 그 꽃은 또한 매우 특이하다. 그것은 일년에 하룻밤에만 피고 한 지역에 있는 모든 꽃이 함께 핀다. 게다가 꽃은 핀지 몇 시간 안에 시들어 죽는다.

이 꽃의 특이한 특징 때문에 식물 애호가들은 그것들이 피는 것을 보기 위해 종종 모인다. 토호노 철 공원은 애리조나의 투손에 있는 자연 보호구역이다. 그곳에는 개인이 소장하는 가장 많은 손가락 선인장들이 있다. 식물들이 꽃을 피우려 할 때 그곳의 직원들은 사람들에게 전자 우편을 발송한다. 제목란에는 '오늘 밤이 개화의 밤입니다.'라고 적혀 있다. 대부분의 해에 천 명이 넘는 사람들이 그 행사를 보기 위해 그곳에 서둘러 온다. 그것은 그들에게 흥미로운 시간이다. 어찌 되었든 그것은 일년에 한 번만 일어나기 때문이다.

문제 해설　1 이 글은 일년에 하룻밤에만 피는 꽃인 손가락 선인장에 관한 글이므로 ① '일년에 한번 즐길 수 있는 꽃들'이 제목으로 적절하다.
[문제] 글의 제목으로 가장 적절한 것은?
② 애리조나에서 가장 희귀한 꽃들
③ 토호노 철 공원
④ 밤에 피는 유일한 꽃
⑤ 꽃 애호가들을 위한 특별한 행사

2 손가락 선인장의 집단 군락지인 토호노 철 공원에 대한 언급은 있지만, 손가락 선인장이 세계 도처에 있다는 내용은 이 글에 언급되어 있지 않다.

3 밑줄 친 부분은 손가락 선인장의 꽃이 전자 우편을 발송한 그날 밤에 핀다는 의미를 나타낸다.

4 빈도부사 usually는 일반동사 앞, 조동사나 be동사 뒤에 온다. 주격 관계대명사 that을 사용하여 flowers를 보충 설명한다.

5 손가락 선인장은 꽃이 핀지 몇 시간 안에 시들어 죽는다. (11~12행)
Q 손가락 선인장의 꽃은 얼마 동안 살아있는가?
A 그것들은 핀지 몇 시간 안에 시들어 죽는다.

구문 해설　**6행** Now, **imagine having** a flower garden *where* all the flowers bloom on the same day.
· imagine의 목적어로 동사가 올 경우 동명사의 형태를 취한다. 「imagine+-ing」는 '~하는 것을 상상하다'라는 뜻이다.
· where는 장소의 관계부사로 at/on/in which로 바꿔 쓸 수 있다.
· 「all the+명사」는 '모든 ~'라는 뜻을 나타낸다.

13행 Because of the unusual nature of these flowers, plant lovers often gather **to** *watch* them bloom.
· to watch는 부사적 용법으로 쓰인 to부정사로, 목적을 나타낸다.
· 「watch+목적어+동사원형」은 '~가 …하는 것을 보다'라는 뜻으로, 지각동사 watch는 목적격 보어로 동사원형을 취한다.

17행 The subject line **reads** "Bloom Night Is Tonight."
· 동사 read의 주어가 글, 표지판 등인 경우에는 '~라고 적혀 있다'라는 뜻을 나타낸다.

26 YouTubers

pp. 084 ~ 085

정답 1 ①   2 ④   3 ④   4 known for → known as
5 the number of hits their videos get

지문 해석 유튜브는 세계 최고의 온라인 비디오 플랫폼이고 가장 큰 검색 엔진으로서 구글에 이어 2위를 차지한다. 그것은 2005년에 만들어졌고, 그 이후로 매우 영향력이 있어 왔다.

유튜브는 사람들에게 채널이라고 불리는 자신만의 페이지를 만들도록 권장한다. 이런 개인들은 비디오를 만들어 웹사이트에 콘텐츠를 업로드한다. 추가 이득으로서 유튜브는 이런 개인들에게 그들의 영상이 얻는 조회수에 따라 돈을 지불한다. 자신이 만드는 콘텐츠에 대해 돈을 받기 때문에 많은 사람들이 자신의 영상을 만드는 취미를 수익이 잘 나는 풀타임 직업으로 전환했다.

이런 개인들은 총괄하여 유튜버 또는 유튜브 유명 인사로 알려져 있다. 어떤 유튜버들은 소셜 미디어의 세계에서 매우 영향력을 끼치게 되었다. 유튜버들은 특히 밀레니얼 세대에 의해 흔히 진실되고 공감을 불러일으키는 것으로 여겨진다. 이들은 1985년에서 2004년 사이에 태어난 사람들이다. 많은 사람들이 상당히 유명해졌다.

이런 유튜버들 중 몇몇은 누구인가? Nikkie De Jagar는 Nikke Totorials를 제공한다. 천만 명 이상의 사람들이 미용 팁에 관한 그녀의 채널을 구독한다. Ryan Higa는 풍자 동영상을 만들고 자신의 채널에 이천만명이 넘는 구독자가 있다. 그리고 스웨덴 출신의 유튜버인 PewDiePie는 게임에 관한 동영상을 만든다. 그는 6천5백만 명 이상의 구독자를 가진 가장 인기있는 유튜버이다. 그래서 당신은 무엇을 기다리고 있는가? 자신만의 채널을 만들어 유튜버가 되라. 아마도 명성과 부가 기다릴 것이다.

문제 해설 1 유튜브는 사람들에게 채널이라고 불리는 자신만의 페이지를 만들고, 비디오를 만들어 자신의 채널에 콘텐츠를 업로드하게 하는 곳이라고 했다. (4~5행)

[문제] 유튜브에 관해 사실인 것은?

2 주어진 문장은 밀레니얼 세대(Millennials)가 무엇인지에 관해 설명하는 내용이므로, 밀레니얼 세대라는 말이 언급된 문장 뒤인 ④에 들어가는 것이 흐름상 자연스럽다.

이들은 1985년에서 2004년 사이에 태어난 사람들이다.

3 PewDiePie는 게임에 관한 동영상을 만든다고 했다. (18~19행)

4 '~로 알려져 있다'라는 뜻으로, 어떤 대상의 신분이나 자격을 설명할 때는 be known as를 쓴다. 반면에 be known for는 '~로 알려져 있다'라는 뜻을 나타내지만, for 다음에는 알려져 있는 이유나 근거를 나타내는 말이 온다.

5 유튜브는 콘텐츠를 업로드한 사람들의 영상이 얻는 조회수에 따라 돈을 지불한다고 했다. (5~7행)
Q 사람들은 어떻게 유튜브에서 돈을 받는가?
A 그들은 자신의 영상이 얻는 조회수에 따라 돈을 받는다.

구문 해설 **2행** It was created in 2005, and since then, it **has been** extremely influential.
- has been은 현재완료의 계속 용법으로, 2005년부터 지금까지 계속 영향력이 있어왔다는 사실을 나타낸다.

4행 YouTube **encourages people to make their own pages**, *called channels*.
- 「encourage+목적어+to-v」는 '~에게 …를 장려하다'라는 뜻을 나타낸다.
- 과거분사구 called channels가 their own pages를 꾸민다.

5행 **As** an added benefit, YouTube often pays these individuals money depending upon the number of *hits* (*that*) *their* videos get.
- as는 '~로(서)'라는 뜻을 나타내는 전치사이다.
- hits와 their 사이에 목적격 관계대명사 that이 생략되어 있다.

7행 **Because** they *are being paid* for the content they produce, many people have turned their video-making hobbies into full-time jobs that pay very well.

- because는 이유를 나타내는 접속사로, '~ 때문에'라는 뜻을 나타낸다.
- are being paid는 현재진행 수동태로, 사람들이 돈을 받는 일이 현재 계속되고 있음을 나타낸다.

27 A Unique Enzyme
pp. 086 ~ 087

정답

1 ③   2 ④   3 (1) T (2) F   4 ⓐ a new type of bacteria ⓑ the scientists
5 reduce the amount of plastic waste in the world

지문 해석

　　1분마다 백만 개가 넘는 플라스틱 병이 전 세계적으로 팔린다. 사람들은 또한 다른 플라스틱 제품들도 많이 사용한다. 합성 수지라고 불리는 가장 흔한 종류의 플라스틱은 매우 천천히 분해되어서 다 분해되려면 400년이 걸릴 수 있다. 이것 때문에 플라스틱은 어디서나 환경 문제를 일으키고 있다. 쓰레기 매립지는 가득 채워져 있고 세계의 바다 중 넓은 부분이 플라스틱으로 가득 차 있다.

　　2016년에 일본에서 중대한 발견이 이뤄졌다. 몇몇 과학자들은 새로운 종류의 박테리아를 발견했을 때 플라스틱 쓰레기를 조사하고 있었다. 그것들은 합성 수지를 먹어서 분해할 수 있다. 과학자들이 발표를 하자 사람들은 그것이 놀라운 돌파구라고 주장했다. 그 후 훨씬 더 인상적인 또 다른 일이 생겼다.

　　영국과 미국 과학자들로 이루어진 팀이 그 박테리아를 연구했다. 그들은 박테리아에 강력한 방사선을 비췄다. 이것들은 박테리아를 돌연변이가 되도록 했는데, 그것은 새로운 종류의 효소를 만들었다. 그것은 박테리아보다 훨씬 더 효과적으로 합성 수지를 분해했다.

　　과학자들은 세계의 플라스틱 쓰레기 양을 줄이기 위해 그 효소를 쓸 생각이다. 그들은 바다와 땅을 더 깨끗하게 만들고 싶어 한다. 그들에게 더 좋은 소식 몇 개가 더 있다. 과학자들은 그 효소를 개선해서 그것이 플라스틱을 훨씬 더 빠르게 분해하도록 할 수 있다고 믿는다. 아마도 더 깨끗한 지구가 최종 결과가 될지도 모른다.

문제 해설

1 이 글은 플라스틱을 분해하는 박테리아에 관한 연구를 설명하는 글이므로 ③ '플라스틱을 분해하는 새로운 방법'이 제목으로 적절하다.

[문제] 글의 제목으로 가장 적절한 것은?
① 재활용의 중요성
② 어떤 플라스틱 병이 사용되는가
④ 새로운 박테리아 찾기
⑤ 효소와 박테리아의 차이점

2 합성 수지는 가장 흔한 종류의 플라스틱이라고 했다. (3~4행)

[문제] 합성 수지는 무엇인가?

3 (1) 플라스틱이 매우 천천히 분해되기 때문에 어디서나 환경 문제를 일으키고 있다고 했다. (4~6행)
(2) 새로운 종류의 박테리아를 발견한 것은 일본의 몇몇 과학자들이다. (8~9행)

(1) 플라스틱은 매우 천천히 분해되기 때문에 환경 문제들을 일으킨다.
(2) 미국의 몇몇 과학자들은 새로운 종류의 박테리아를 발견했다.

4 ⓐ 플라스틱을 분해할 수 있는 것은 앞에 나온 새로운 종류의 박테리아이다.
ⓑ 더 좋은 소식이 있는 사람들은 플라스틱을 분해하는 박테리아에 관한 연구를 진행 중인 과학자들이다.

5 과학자들은 세계의 플라스틱 쓰레기 양을 줄이기 위해 그 효소를 쓸 생각이라고 했다. (17~18행)

Q 과학자들은 효소를 어떻게 사용하고 싶어 하는가?
A 그들은 세계의 플라스틱 쓰레기의 양을 줄이기 위해 그것을 쓸 생각이다.

3행 The most common type of plastic, **called PET**, breaks down very slowly and can *take 400 years to fall apart*.
- 과거분사구 called PET가 The most common type of plastic을 꾸민다.
- 「take+시간+to-v」는 '~하는 데 …의 시간이 걸리다'라는 뜻을 나타낸다.

11행 Then, **something** else *even* more **impressive** happened.
- -thing으로 끝나는 명사는 형용사가 뒤에서 수식한다.
- even은 '훨씬'이라는 뜻으로, 비교급을 수식하는 부사이다.

14행 These **caused the bacteria to mutate**, *which* created a new type of enzyme.
- 「cause+목적어+to-v」는 '~가 …하게 하다'라는 뜻을 나타낸다.
- 계속적 용법의 관계대명사 which가 쓰였다. ', which'는 and they로 바꿔 쓸 수 있다.

19행 The scientists **believe (that) they** can improve the enzyme *so that* it can break down plastic even faster.
- believe와 they 사이에 목적어절을 이끄는 접속사 that이 생략되어 있다.
- so that은 '~할 수 있도록'이라는 뜻을 나타낸다. so that 앞에는 원인이, 뒤에는 결과가 나온다.

---

28 The Carnation: A Flower for Mother's Day

pp. 088 ~ 089

정답   1 ④   2 ②   3 her own mother's favorite flower   4 honor

Summary   come, started, symbolizes, represent

지문 해석   매년 5월에 전 세계의 꽃집 주인들은 상당수의 카네이션을 판다. 이 꽃은 빨간색, 흰색, 노란색, 분홍색, 그리고 다른 색들이고 많은 나라에서 인기가 있다. 하지만 그것들은 5월에 훨씬 더 인기가 있는데 그것은 그때가 대부분의 나라가 어머니 날을 기념하는 때이기 때문이다.

1908년에 Anna Jarvis는 미국에서 어머니 날을 기념하는 전통을 시작했다. 첫 번째 기념 행사에서 그녀는 참석한 어머니들에게 500송이의 카네이션을 나눠줬다. 그녀는 단순한 이유로 그 일을 했다. 바로 카네이션이 자신의 어머니가 가장 좋아하는 꽃이었기 때문이었다. 어머니 날이라는 개념은 미국 도처에 빠르게 퍼졌다. 머지않아 나라 안의 모든 주에서 그것을 기념했다. 다른 나라의 사람들도 그것을 기념하기 시작했다. 어떤 곳에서는 그것은 부모의 날로 기념되었는데, 그것은 어머니와 아버지 모두를 공경하는 날이다.

처음에는 돌아가신 어머니들을 기리기 위해 흰 카네이션을 달았다. 반면에 분홍 카네이션은 아직 살아계신 어머니들께 달아드렸다. 오늘날에는 흰 카네이션은 순수한 사랑과 행운을 나타낸다. 옅은 빨강 카네이션은 존경을 나타낸다. 진한 빨강 카네이션에 대해 말하자면, 그것들은 깊은 사랑과 애정을 상징한다. 그것이 많은 사람들이 매년 5월에 자신의 어머니께 드리는 카네이션의 색깔이다.

문제 해설   1 이 글은 어머니 날을 기념하기 위해 어머니께 카네이션을 드리는 전통이 생기게 된 과정을 설명하는 글이므로 이 글의 주제는 ④ '어머니 날에 카네이션이 중요한 이유'가 적절하다.

[문제] 글의 주제로 가장 적절한 것은?
① 카네이션의 전통적인 상징성
② 첫 번째 어머니 날 기념 행사
③ 카네이션을 기르는 제일 좋은 방법
⑤ 어머니 날에 가장 흔한 꽃

2 ②를 제외한 나머지는 모두 어머니 날을 가리킨다. ②는 앞 문장의 내용인 500명의 어머니들에게 카네이션을 나눠준 것을 가리킨다.

[문제] 밑줄 친 부분이 가리키는 대상이 나머지 넷과 **다른** 것은?

3 Anna Jarvis는 자신의 어머니가 가장 좋아하는 꽃이 카네이션이었기 때문에 첫 번째 어머니 날 기념 행사에서 어머니들에게 500송이의 카네이션을 나눠줬다고 했다. (9~10행)

[문제] Anna Jarvis는 왜 첫 번째 어머니 날에 카네이션을 나눠줬는가?
→ 카네이션은 그녀의 어머니가 가장 좋아하는 꽃이었다.

4 '누군가에게 굉장한 존경심을 보이는 것'이라는 뜻을 가진 단어는 honor(존경하다)이다. (14행)

[문제] 다음 주어진 뜻을 가진 단어를 글에서 찾아 쓰시오.

Summary [문제] 아래 주어진 단어나 어구를 활용해 빈칸을 채우시오.

나오다	나타내다	상징하다	시작했다

카네이션은 많은 색상으로 나오고 어머니 날 때문에 5월에 인기가 있다. 1908년에 Anna Jarvis는 미국에서 어머니 날을 시작했다. 그녀는 자신의 어머니가 가장 좋아하는 꽃이 카네이션이었기 때문에 어머니들에게 500송이의 카네이션을 나눠줬다. 각 색깔은 다른 것을 상징한다. 진한 빨강 카네이션은 깊은 사랑과 애정을 나타낸다. 그것은 어머니 날에 가장 인기 있는 색깔이다.

구문 해설

2행 These flowers, **which** are red, white, yellow, pink, and other colors, are popular in many countries.
- 계속적 용법의 관계대명사 which가 쓰였다. which are red, white, yellow, pink, and other colors는 선행사 These flowers를 보충 설명한다.

7행 In 1908, Anna Jarvis started the tradition **of celebrating** Mother's Day in the United States.
- 전치사 of의 목적어로 동사 celebrate가 오게 되어 동명사 형태인 celebrating을 썼다.

13행 In some places, it was celebrated as Parents' Day, **which** honors *both mothers and fathers*.
- 계속적 용법의 관계대명사 which가 쓰였다. ', which'는 and it으로 바꿔 쓸 수 있다.
- both A and B는 'A와 B 모두'라는 뜻을 나타내는 상관접속사이다.

15행 At first, white carnations were worn **to honor** mothers who *had passed away*.
- to honor는 부사적 용법으로 쓰인 to부정사로, 목적을 나타낸다.
- 어머니들이 돌아가신 것도 과거이고 흰 카네이션을 달은 것도 과거이지만, 어머니들이 돌아가신 것이 더 먼저 일어난 일이므로 과거완료 시제인 had passed away를 사용했다.

A **1** 이 꽃의 특이한 특징 때문에 식물 애호가들은 그것들이 피는 것을 보기 위해 종종 모인다.

　　2 유튜브는 사람들에게 채널이라고 불리는 자신만의 페이지를 만들도록 권장한다.

　　3 그것들은 합성 수지를 먹어서 분해할 수 있다.

　　4 그것들은 5월에 훨씬 더 인기가 있다.

B **1** Now, <u>imagine having a flower garden</u> where all the flowers bloom on the same day.

　　2 Then, <u>something else even more impressive</u> happened.

　　3 At first, white carnations <u>were worn to honor mothers who had passed away</u>.

C **1** Many people have <u>turned</u> their video-making hobbies <u>into</u> full-time jobs that pay very well.

　　2 When the plants <u>are about to</u> bloom, its staff sends out an email to people.

　　3 During the first celebration, she passed out 500 carnations to mothers <u>in attendance</u>.

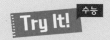

유형 도전　　④

변형 문제　　obstacle

- -

지문 해설　　공격적인 운전은 작고 중대한 사고를 일으킬 수 있다. 공격적인 운전은 "대중의 안전에 심각한 위협을 가하는 사회적 행동 유형"이라고 정의된다. '도로 분노'라는 용어는 공격적인 운전을 묘사하기 위해서 사용된다. 이것은 공격적인 운전자가 다른 운전자의 실제 또는 상상된 어떤 잘못에 대해 화를 내면서 반응한다는 인지에서 유래한다. 이런 관점이 어떤 경우에는 옳은 반면, 때때로 운전자의 공격적인 행동은 도구적인 공격이라고 묘사될 수 있다. 예를 들어서, 도구적인 목적을 위한 공격적인 운전은 도로 위의 장애물에도 불구하고 가능한 빨리 자신의 목적지에 도착하려는 목적을 갖고 있다. 이런 유형의 운전은 위험한 추월, 차량 행렬에서 차선 넘어 끼어들기, 그리고 신호등 지점에서 빨간 불 일 때 지나가는 것을 포함한다.

문제 해설　　주어진 문장은 운전자의 공격적인 행동이 다른 목적을 성취하기 위한 도구적인 면이 있다는 내용이므로, 이에 대한 구체적인 예시가 시작되는 ④에 들어가는 것이 적절하다.

변형 문제　　obstacle은 '방해물'의 의미이다. (8행)

구문 해설　　**3행** Aggressive driving **is defined as** "a pattern of social behavior [*that causes a serious threat to public safety*]."

　　　　　　・A is defined as B 구문은 'A는 B라고 정의되다'의 의미이다.

　　　　　　・[ ]로 표시된 부분은 a pattern of social behavior를 수식하는 관계절이다.

　　　　　　5행 It comes from **the perception** [that the aggressive driver is reacting angrily to some fault, real or imagined, by another driver].

　　　　　　・[ ]로 표시된 부분은 the perception과 동격이다.

　　　　　　8행 This style of driving **includes** [hazardous passing, cutting across lanes of traffic, and going through red lights at intersections].

　　　　　　・[ ]로 표시된 부분은 접속사 and로 병렬적으로 연결되고 있으며, 동사 includes의 목적어이다.

29 Healthy Rivalries

정답   1 ②   2 ④   3 ⑤   4 classes and academic contests   5 ⓐ growing ⓑ involved

지문 해석   Lionel Messi와 Cristiano Ronaldo는 세계에서 가장 위대한 축구 선수 중 두 명이다. Messi는 아르헨티나의 대표 선수인 반면 Ronaldo는 포르투갈의 대표 선수이다. 두 사람은 또한 스페인 프로 축구 리그에서 상대 팀으로 활동한다. 그들의 팀이 서로 경기를 할 때, 시합은 흥미롭고 팬들은 평상시보다 더욱 관심을 가진다. 두 선수는 그들의 경쟁 덕분에 이기기 위해 최선을 다한다. 어떤 사람들은 경쟁을 나쁘다고 여기지만 경쟁은 긍정적일 수도 있다. 이것이 건강한 경쟁이다.

     경쟁은 스포츠에서 흔하다. 그러나 그것은 다른 곳에서도 발견될 수 있다. 학생들은 학급에서와 학과목 시험에서 다른 사람과 경쟁할 수도 있다. 함께 일하는 사람들은 누가 가장 좋은 결과를 낼 수 있는지를 보기 위해 자주 경쟁을 한다. 그리고 성장하고 있는 형제 자매들은 항상 경쟁을 한다. 이것은 형제간의 경쟁이라고 불린다. 대부분의 경우에서 이것들은 건강한 경쟁이다.

     건강한 경쟁은 관련된 모든 사람에게 좋다. 첫째로, 그것은 경쟁의 수준을 높일 수 있다. 스포츠 팀, 학생들, 고용인들, 그리고 형제 자매들 모두 자신의 경쟁자에 맞서서 더 열심히 노력한다. 이것은 개인의 향상을 낳는다. 사람들은 자신의 경쟁자 덕분에 개인 최고 기록을 세울 수 있고 보통 때보다 더 잘할 수 있다. 그것은 또한 사람들에게 최선을 다하고 최대한 노력하도록 가르친다. 그리고 그것은 사람들이 자신의 경쟁자들에게 감사하게 한다. 그들은 자신이 맞서서 경쟁하는 사람들을 존중하는 것을 배운다.

문제 해설   **1** 이 글은 건강한 경쟁의 좋은 점에 관한 글이므로 ② '경쟁의 이로운 점'이 글의 주제로 적절하다.

       ① 축구 선수들간의 경쟁
       ③ 가족 구성원들간의 경쟁
       ④ 경쟁이 일어나는 이유
       ⑤ 경쟁과 그것이 일으키는 피해

   2 건강한 경쟁이 가져다 주는 이로운 점을 설명하는 단락이므로 경쟁자를 존중하는 것을 배운다는 내용이 되어야 흐름상 알맞다. 따라서 빈칸에는 ④ '존중하다'가 들어가는 것이 알맞다.

       [문제] 빈칸에 가장 알맞은 말은?
           ① 싫어하다 ② 비웃다 ③ 무시하다 ⑤ 패배시키다

   3 ⑤는 경쟁에 관련된 사람들을 가리키는 반면, 나머지는 경쟁 또는 건강한 경쟁을 가리킨다.

   4 학생들은 학급에서와 학과목 시험에서 다른 사람과 경쟁할 수도 있다고 했다. (9~10행)

      Q 학생들은 흔히 어디에서 다른 사람과 경쟁하는가?
      A 그들은 흔히 학급에서와 학문 대회에서 경쟁한다.

   5 ⓐ '자라고 있는'이라는 진행의 의미를 나타내므로 현재분사의 형태가 알맞다.
      ⓑ '관련된'이라는 수동의 의미를 나타내므로 과거분사의 형태가 알맞다.

구문 해설   **2행** Messi plays for Argentina **while** Ronaldo plays for Portugal.

       • while은 대조를 나타내는 접속사로, '~인 반면'이라는 뜻을 나타낸다.

     6행 Some people **consider rivalries to be bad**, but they can be positive *as well*.

       • consider A (to be) B는 'A를 B로 여기다(생각하다)'라는 뜻을 나타낸다. to be는 생략 가능하다.
       • as well은 '또한, 역시'라는 뜻을 나타내며, too로 바꿔 쓸 수 있다.

10행 Coworkers often compete **to see** *who can produce the best results.*
- to see는 부사적 용법으로 쓰인 to부정사로, 목적을 나타낸다.
- who can produce the best results는 간접의문문으로, 의문사가 주어이므로 「의문사＋동사」의 어순을 취했다.

17행 They also teach people **to do** their best and **to try** their hardest.
- to do와 to try는 둘 다 명사적 용법으로 쓰인 to부정사로, 동사 teach의 목적어 역할을 한다.

30 Art Collaborations

pp. 096 ~ 097

정답   1 ④   2 ②   3 ⑤   **4** Basquiat   **5** collaboration, combine

지문 해석   특정한 어떤 것들은 함께 잘 어울린다는 것은 널리 알려져 있다. 예를 들어, 스테이크와 감자는 맛있는 식사가 된다. 바닐라 아이스크림과 초콜릿 소스는 훌륭한 디저트이다. 그리고 티셔츠와 청바지는 인기 있는 옷의 조합이다. 그러나 예술은 어떠한가? 두 예술가가 하나의 예술 작품에서 각자의 스타일을 결합할 수 있을까?

Andy Warhol과 Jean-Michel Basquiat는 한때 그 답을 알아내기 위해 시도를 했다. 1980년과 1986년 사이에 팝 아티스트인 Warhol과 그래피티 화가인 Basquiat는 몇몇 프로젝트를 공동으로 작업했다. 일례로, Warhol은 올림픽의 오륜을 그렸다. 그러자 Basquiat는 자신의 화려한 이미지를 추가했다. 그 당시 Warhol은 이미 유명했다. 그러나 Basquiat와 함께 만든 그의 작품은 그 젊은이가 1980년대의 가장 유명한 신표현주의 화가들 중 한 명이 되는 것을 도왔다.

이보다 수십 년 전인 1949년에 Pablo Picasso와 Gjon Mili 또한 공동 작업을 했다. Picasso는 어두운 방에서 전기 불빛을 사용했다. 그는 마치 자신이 허공에 이미지를 그리고 있는 것처럼 불빛을 이리저리 흔들었다. 사진작가인 Mili는 빛의 이미지를 필름에 포착할 수 있는 두 대의 카메라를 사용했다. 그가 필름을 현상했을 때 사진들은 빛줄기를 따라 다양한 이미지를 보여 주는 Picasso를 보여 주었다. 이러한 공동 제작물들은 예술 장르가 정말로 성공적으로 결합될 수 있다는 것을 보여 준다.

문제 해설   **1** Andy Warhol과 Jean-Michel Basquiat, Pablo Picasso와 Gjon Mili의 예를 들어 두 예술가가 하나의 예술 작품에서 각자의 스타일을 결합할 수 있다는 것을 설명하고 있으므로, ④ '두 명의 다른 예술가가 함께 만든 예술 작품'이 글의 주제로 가장 적절하다.

① 세계에서 가장 유명한 예술가들
② Picasso가 그린 어떤 그림에 관한 이야기
③ 함께 잘 어울리는 유명한 물건들
⑤ 팝 아트와 낙서의 결합

2 ② 바로 뒤에 이어지는 내용에서 Andy Warhol과 Jean-Michel Basquiat가 공동으로 작업한 작품에 관해 언급하고 있으므로, '경쟁하다, 겨루다'라는 뜻의 compete는 적절하지 않다. 따라서 competed를 collaborated와 같은 단어로 고친다.

3 Andy Warhol과 Jean-Michel Basquiat가 몇몇 프로젝트를 공동으로 작업할 당시 Warhol은 이미 유명했고 그가 Basquiat와 함께 만든 작품이 Basquiat를 1980년대의 가장 유명한 신표현주의 화가들 중 한 명이 되게 했다고 했으므로, ⑤ '그들이 만났을 때 Basquiat는 Warhol보다 덜 유명했다.'는 것을 알 수 있다. (10~12행)

[문제] 글을 통해 유추할 수 있는 것은?
① Mili는 Picasso에게 사진 찍는 법을 가르쳐 주었다.
② Picasso와 Mili는 사진을 한 장만 함께 만들었다.
③ Warhol과 Picasso는 몇몇 예술 작품을 공동으로 작업했다.
④ Basquiat와 Warhol이 함께 만든 작품은 도난당했다.

정답 및 해설 45

4 the younger man은 앞에 나온 Basquiat를 가리킨다.

5 Pablo Picasso와 Gjon Mili의 <u>공동 작업</u>은 두 예술가가 하나의 예술 작품에서 각자의 스타일을 <u>결합</u>할 수 있다는 것을 보여 준다.

구문 해설　**1행**　For instance, steak and potatoes **make** a delicious meal.

　　　　　• make는 '만들다'라는 뜻이 아니라 '~이 되다'라는 뜻으로 쓰였다.

　　　　10행　But his work with Basquiat helped **the younger man** become *one of the most prominent Neo-Expressionist artists* of the 1980s.

　　　　　• the younger man은 Basquiat를 가리킨다.

　　　　　• 「one of the＋최상급＋복수명사」는 '가장 ~한 것들 중 하나'라는 뜻이다.

　　　　15행　Mili, a photographer, used two cameras [**that could capture the light images on film**].

　　　　　• [ ]은 주격 관계대명사 that이 이끄는 형용사절로, 선행사 two cameras를 수식한다.

31　The Three Kiwis

pp. 098 ~ 099

정답　1 ⑤　　2 ②　　3 (1) F (2) T　　4 the Chinese gooseberry　　5 call → called

지문 해석　뉴질랜드에 방문해 보면 당신은 키위를 보게 될 것이다. 이 작고 날지 못하는 새는 긴 부리 때문에 쉽게 알아볼 수 있다. 키위는 마오리 원주민들에게는 매우 중요한데, 그들은 그것을 먹고 그것의 깃털을 사용한다.

1800년대에 키위를 자랑스럽게 여겼던 뉴질랜드 사람들은 자기 자신들을 그것과 연관 짓기 시작했다. 그것은 군 조직에 의해 상징으로 사용되었고 도시, 동호회, 그리고 클럽에서도 그러했다. 그 새는 뉴질랜드의 1달러 동전에 있고, 그 나라의 돈은 키위라고 불린다.

뉴질랜드 사람들이 집합적으로 키위로 알려져 있는 것은 전혀 놀랄 일이 아닐 것이다. 어떤 사람들은 새로 불리는 것을 반대할 수도 있지만, 뉴질랜드 사람들에게는 전혀 문제가 되지 않는다. 사실 그들 중 대부분은 자신들의 별명을 자랑스러워 한다. 흥미롭게도 세 번째 키위가 있다. 그것은 바로 과일이다. 중국산으로, 그것은 20세기에 뉴질랜드에 운송되었다. 그런 다음 그것은 상업적으로 팔기 위해 심어지고 재배되었다.

그 과일은 원래 중국 구스베리로 불렸지만 뉴질랜드 사람들은 그것을 자신의 나라에 연관 짓기 위해 키위프루트라고 불렀다. 오늘날 전 세계의 대부분의 사람들은 그것을 키위라고 부른다. 하지만 당신은 뉴질랜드에서는 결코 그것이 그렇게 불리는 것을 듣지 못할 것이다. 거기서는 키위는 새 또는 뉴질랜드 사람인 반면 키위프루트가 과일이다.

문제 해설　**1** 이 글은 키위로 불리는 것들(뉴질랜드 화폐, 뉴질랜드 사람, 과일)에 관해 설명하는 글이므로 ⑤ '뉴질랜드에 있는 다른 종류의 키위들'이 글의 주제로 적절하다.

　　① 뉴질랜드 사람들이 키위라고 불리는 이유

　　② 키위와 키위프루트의 차이점

　　③ 키위라는 단어의 기원

　　④ 키위 새의 겉모습

2 뉴질랜드 사람들은 세계 사람들이 키위라고 부르는 과일을 키위프루트라고 부른다고 했다. (17~20행)

　　[문제] 키위에 관해 옳지 <u>않은</u> 것은?

3 (1) 키위 새는 마오리 원주민들에게 매우 중요하다고 했다. (2~3행)

　　(2) 키위프루트는 20세기에 뉴질랜드로 운송되었다고 했다. (12~13행)

　　　(1) 키위 새는 마오리 사람들에게 별로 중요하지 않다.

　　　(2) 키위프루트는 20세기에 뉴질랜드에 보내졌다.

4 키위프루트는 원래 중국 구스베리라고 불렸다고 했다. (16행)

    Q 키위프루트는 원래 뭐라고 불렸는가?

    A 그것은 원래 중국 구스베리라고 불렸다.

5 '불리는'이라는 수동의 의미를 나타내므로 과거분사의 형태가 알맞다.

구문 해설

1행 **Visit New Zealand, and you might see a kiwi.**
- 「명령문, and+주어+동사」는 '~해라, 그러면 …할 것이다'라는 뜻을 나타낸다.

4행 In the 1800s, New Zealanders, who **were proud of** the kiwi, *began associating* themselves with it.
- be proud of는 '~를 자랑스럽게 여기다'라는 뜻을 나타낸다. take pride in으로 바꿔 쓸 수 있다.
- 「begin+-ing」는 '~하기 시작하다'라는 뜻을 나타낸다. begin은 목적어로 동명사와 to부정사 둘 다 취할 수 있다.
- themselves는 재귀 용법으로 쓰인 재귀대명사이므로 생략할 수 없다.

9행 **It** should *come as no surprise* **that New Zealanders are collectively known as kiwis.**
- It은 가주어, that New Zealanders are collectively known as kiwis가 진주어이다.
- come as no surprise는 '놀라운 일이 아니다'라는 뜻을 나타낸다.

15행 The fruit was originally called the Chinese gooseberry, but New Zealanders **called it the kiwifruit** *to associate* it with their country.
- 「call+목적어+목적격 보어」는 '~를 …라고 부르다'라는 뜻을 나타낸다.
- to associate는 부사적 용법으로 쓰인 to부정사로, 목적을 나타낸다.

32   The Hotel Puerta América   pp. 100 ~ 101

정답   1 ②   2 ①   3 different perspectives on architecture, art, and design   4 perspective

Summary   attraction, concept, famous, museum

지문 해석   스페인의 마드리드로 여행을 가는 여행자들은 거기서 어디를 갈지를 조사할 때 종종 놀란다. 관광 명소 목록에 호텔이 있다. 보통 여행자들은 어떤 호텔에 묵을지에 대해 이야기를 듣는다. 하지만 푸에르타 아메리카(Puerta América) 호텔의 경우에는 거기에 관광하러 가라는 조언을 얻는다.

그 호텔은 2006년에 문을 열었는데 독특한 방식으로 디자인되었다. 하나의 건축 회사에게 호텔을 디자인하도록 하는 것 대신, 각기 다른 13개국의 19개의 건축 디자인 스튜디오가 작업을 했다. 그 결과는 아방가르드 디자인과 건축물의 걸작이었다.

그 호텔이 이 방식으로 디자인된 이유는 단순하다. 콘셉트는 건축, 예술, 그리고 디자인에 대한 각기 다른 관점을 가진 호텔을 만드는 것이었다. 참여한 건축가 중 몇 명은 세계적으로 가장 유명한 사람들 중에 있었다. 그들 중에는 Jean Nouvel(장 누벨), Norman Foster(노먼 포스터), Javier Mariscal(하비에르 마리스칼), 그리고 Zaha Hadid(자하 하디드)가 포함되어 있다.

호텔을 방문하는 사람들은 놀라워한다. 그들에게 그것은 마치 현대 건축 디자인 박물관에 들어간 것과 같을 것이다. 투숙객들에게 가장 좋은 것은 그들 자신이 디자인 안에서 일시적으로 살게 된다는 것이다. 다시 오는 투숙객들은 다른 층에 묵을 기회를 가지게 되어 또 다른 건축가의 미래상을 경험하게 된다.

문제 해설   **1** 푸에르타 아메리카 호텔은 건축, 예술, 그리고 디자인에 대한 각기 다른 관점을 가진 호텔을 만들자는 콘셉트 아래 각기 다른 13개국의 19개 건축 디자인 스튜디오가 작업을 한 아방가르드 디자인과 건축물의 걸작이다. (6~11행)

    [문제] 푸에르타 아메리카 호텔에 관해 옳지 <u>않은</u> 것은?

         ① Jean Nouvel(장 누벨)이 그것을 디자인하는 것을 도왔다. (11~12행)

② 원래 건축 박물관이었다.

③ 관광 명소로 여겨진다. (2행)

④ 많은 디자이너들이 그것을 만들었다. (6~8행)

⑤ 스페인의 마드리드에 위치한다. (1행)

2 보통 호텔은 숙박하는 곳이지만 푸에르타 아메리카 호텔의 경우에는 관광 명소로 알려져 있다는 내용의 흐름상 (A)에는 '그러나'라는 뜻의 말이 들어가야 한다. 하나의 건축 회사가 작업하는 대신 여러 곳의 건축 디자인 스튜디오가 작업했다는 내용의 흐름상 (B)에는 '대신'이라는 뜻의 말이 들어가야 한다.

[문제] 빈칸에 가장 알맞은 말은?

① 그러나 – 대신 ② 그래서 – 대신 ③ 그러나 – 게다가 ④ 그래서 – 게다가 ⑤ 그리고 – 게다가

3 푸에르타 아메리카 호텔은 건축, 예술, 그리고 디자인에 대한 각기 다른 관점을 가진 호텔을 만들자는 콘셉트 아래 만들어졌다고 했다. (10~11행)

[문제] 푸에르타 아메리카 호텔의 디자인 콘셉트는 무엇이었는가?

→ 그것은 건축, 예술, 그리고 디자인에 대한 각기 다른 관점을 가진 호텔을 만드는 것이었다.

4 '무언가를 바라보는, 대표하는, 또는 해석하는 방식'이라는 뜻을 가진 단어는 perspective(관점)이다. (10행)

[문제] 다음 주어진 뜻을 가진 단어를 글에서 찾아 쓰시오.

Summary **[문제] 아래 주어진 단어나 어구를 활용해 빈칸을 채우시오.**

콘셉트	박물관	유명한	명소

푸에르타 아메리카 호텔은 스페인의 마드리드에 있는 관광 명소이다. 각기 다른 13개국의 19개의 건축 디자인 스튜디오가 작업을 했다. 콘셉트는 건축, 예술, 그리고 디자인에 대한 각기 다른 관점을 가진 호텔을 만드는 것이었다. 많은 유명한 건축가들이 작업을 했다. 방문객들에게 그 호텔에 가는 것은 현대 건축 디자인 박물관에 들어가는 것과 같다.

구문 해설 **1행** When tourists **traveling to Madrid, Spain**, research *where to go* there, they are often surprised.

· 현재분사구 traveling to Madrid, Spain이 tourists를 수식한다.

· 「where+to-v」는 '어디에 ~할 지'라는 뜻을 나타낸다.

2행 **On the list of tourist attractions is a hotel.**

· 부사구 on the list of tourist attractions를 강조하기 위해 문장 앞으로 뺀 후 주어와 동사가 도치되었다.

14행 To them, it is **as if they have entered** a museum of modern architecture and design.

· 「as if+현재/현재완료」는 '~인 것처럼'이라는 뜻으로, 단순한 추측을 나타낸다.

15행 The best part for guests is **that** they get to temporarily live inside the designs *themselves*.

· 보어절을 이끄는 접속사 that이 쓰였다.

· themselves는 강조 용법으로 쓰인 재귀대명사라 생략할 수 있다.

Focus on Sentences

A
1 그것들은 사람들이 자신의 경쟁자들에게 감사하게 한다.
2 Basquiat와 함께 만든 그의 작품은 그 젊은이가 가장 유명한 화가들 중 한 명이 되는 것을 도왔다.
3 어떤 사람들은 새로 불리는 것을 반대할 수도 있지만, 뉴질랜드 사람들에게는 전혀 문제가 되지 않는다.
4 그 호텔이 이 방식으로 디자인된 이유는 단순하다.

B
1 Some people consider rivalries to be bad, but they can be positive as well.
2 In the 1800s, New Zealanders began associating themselves with kiwi.
3 To them, it is as if they have entered a museum of modern architecture and design.

C
1 Students may compete with one another in classes and academic contests.
2 The country's money is referred to as the kiwi.
3 Tourists are advised to go sightseeing there.

 **Try It! 수능**

p. 103

유형 도전 ⑤

변형 문제 열린 질문과 다답형 질문

- -

지문 해석 창의적인 학생들은 현재의 결론을 의심하고 전통에 도전할 수 있다. 창의성의 발달은 질 높은 교육의 핵심이다. (C) 창의성의 측정은 학생들의 학업 성취도 검사로 결정하기는 어렵다. 이런 시험에서 학생들의 창의성 개발을 촉진시키기 위한 중요한 단계는 질문 설계와 채점이다. (B) 지금까지는 불행히도 대부분의 시험에서 표준화된 시험 문제가 채점의 편의성을 위해서 자주 사용되어 왔다. 이런 질문들은 창의성의 개발을 희생시킬 수 있다. 창의성을 발달시키기 위해서는, 열린 질문과 다답형 질문이 시험에 주어져야 한다. (A) 이런 종류의 시험에서 학생들은 생각하고 대답을 구성하기 위해서 자신의 지식을 완전히 이용할 수 있다. 결과적으로 지식 적용, 문제 분석 그리고 창의성에 있어서의 능력이 향상될 것이다.

문제 해설 창의성의 중요성에 대해 언급한 주어진 글 다음에 창의성의 측정이 어렵다는 내용인 (C)가 이어지고, 지금까지 창의성을 개발하지 못하는 표준화된 시험 문제가 출제되었으며 창의성을 위해서는 열린 질문과 다답형 질문이 필요하다는 내용의 (B) 다음에, 이런 질문을 담은 시험을 통해 학생들의 창의성을 향상시킬 수 있다는 내용의 (A)가 나와야 한다.

변형 문제 'To develop creativity, open questions and multiple-answer questions should be given on tests.'에서 답을 찾을 수 있다. (7~8행)

구문 해설 **3행** On this type of test, students can fully use their knowledge [**to think about and organize their answers**].
• [ ]로 표시된 부분은 목적을 나타내는 to 부정사구이다.

4행 As a result, their abilities in [**knowledge application, problem analysis, and creativity**] will be improved.
• [ ]로 표시된 부분은 전치사 in 다음에 연결된다.

10행 On these tests, the key **steps** for promoting the development of students' creativity **are** the design and grading of the questions.
• 주어의 핵은 steps이고, 여기에 이어지는 동사는 are이다.

WORKBOOK Answer Key

Chapter 01 pp. 02 ~ 03

VOCABULARY CHECK

A

1	깨닫다	16	전략
2	성공	17	극도로, 매우
3	요즘에	18	대회
4	문학의	19	추정하다
5	문학 작품	20	썩은
6	역사학자	21	관객
7	도움	22	연극의, 공연의
8	구조하다	23	반감, 못마땅함
9	황야, 황무지	24	경우, 기회
10	오토바이	25	측면
11	여러 가지의, 다양한	26	포함하다
12	개인의	27	수집하다
13	많은	28	평가
14	대회, 경기	29	보증된
15	참가자	30	라벨[딱지]을 붙이다

B

1 engaging in
2 is covered with
3 as well
4 in person

STRUCTURES CHECK

C

1 나는 호텔을 예약하기 위해 약간의 현금이 필요하다.
2 당신은 쿠키를 만들기 위해 먼저 설탕을 넣어야 한다.
3 예나는 수학을 공부하고 더 배우기 위해 서울에 도착했다.

D

1 do you
2 doesn't she
3 would he
4 don't you

E

1 stop us from going to the concert
2 will stop him from leaving his family
3 so dark that they could hardly see
4 She was so tired that she fell asleep

Chapter 02 pp. 04 ~ 05

VOCABULARY CHECK

A

1	애완동물	16	유래하다
2	허용하다, 허락하다	17	주된, 주요한
3	나오다, 생산되다	18	방식
4	이전의, 먼젓번의	19	수직의, 세로의
5	선진의	20	게시하다, 올리다
6	인식하다	21	번역하다
7	형성되다, 형성시키다	22	상인, 무역상
8	명령	23	~을 거쳐가다
9	(가격이) 오르다	24	번영한, 번창한
10	도입하다	25	인상적인, 감명 깊은
11	증가시키다; 증가하다	26	감명 깊은
12	인근의	27	기념물
13	구입하다, 구매하다	28	쇠퇴하다
14	제의하다	29	유지하다
15	무효화하다	30	복원, 복구

B

1 be allergic to
2 along with
3 translated into
4 home to

STRUCTURES CHECK

C

1 has his wife
2 am I
3 can her sister

D

1 how old he is
2 how long it will take to get to the sun
3 how deep this lake is

E

1 choose spouses that look like themselves
2 what I wanted for a long time
3 who always look happy actually happy
4 What she needs most now

Chapter 03 pp. 06 ~ 07

VOCABULARY CHECK

A

1	직사각형의	16	보통
2	허가, 승인	17	물체
3	떠나다	18	이상적인
4	주요한, 중요한	19	목표물, 대상
5	색깔	20	동물학자
6	발행하다	21	호기심이 있는
7	기관, 조직	22	게다가, 더욱이
8	공포증	23	~을 하다, 진행하다
9	과도한	24	실험
10	동봉된, 폐쇄된	25	시골의, 지방의
11	높이, 높은 곳	26	요청하다
12	제어하기 힘들게	27	개념
13	어지러운	28	이용 가능한
14	극복하다	29	모집하다
15	살아남다	30	대체하다, 대신하다

B

1 pass out
2 bounces off
3 set up
4 complained about

STRUCTURES CHECK

C

1 came a large truck
2 rolled a big stone
3 was all the money they had lost

D

1 She was complaining about all the violence on television.
2 It is important to listen to both sides of the argument.
3 It was dark by the time we arrived in New York.

E

1 if the rumor about him is true
2 as if it is going to snow soon
3 if I would go to the movies
4 as if she has been ill for several days

Chapter 04 pp. 08 ~ 09

VOCABULARY CHECK

A

1	둘러싸다, 에워싸다	16	대안
2	이동하다	17	추구하다, 모색하다
3	진동	18	거주민
4	분자	19	가짜의
5	초과하다, 넘다	20	환상
6	알아차리다	21	따라서, 그러므로
7	보존하다	22	의식, 식
8	영수증	23	왕좌
9	그렇지만, 하지만	24	동의, 허락
10	이메일을 보내다	25	상록수
11	심각한	26	관목
12	치매	27	군인의
13	영향을 끼치다	28	복무하다
14	환자	29	보통의
15	비인간적인	30	당의, (케이크에) 설탕을 입힘

B

1 makes contact with
2 are concerned about
3 make sure
4 throw, away

STRUCTURES CHECK

C

1 crossed
2 following
3 left
4 coming

D

1 as large as
2 as fast as
3 as big as

E

1 Others were lying on the beach.
2 However, she looks beautiful in red.
3 Others will be rescued in 24 hours.
4 However, she helped us get a taxi to go to the bus stop.

WORKBOOK Answer Key

Chapter 05 pp. 10 ~ 11

VOCABULARY CHECK

A

1	우주 쓰레기	16	헌신
2	들어오다, 들어가다	17	꽃
3	추락하다	18	숭배하다
4	주장하다	19	농약, 살충제
5	구슬	20	향
6	제기하다	21	퇴비
7	궤도에 있는	22	성스러운
8	시도하다	23	정화하다
9	작살	24	실제의
10	갈다	25	영감을 주다
11	재료	26	의뢰하다
12	기념하다	27	파산시키다
13	즐겁게 해주다	28	바위투성이의
14	노점상	29	추정하다
15	신성한	30	가파른, 비탈진

B

1 drag down
2 are, aware of
3 takes place
4 making a profit

STRUCTURES CHECK

C

1 high
2 highly
3 highly
4 high

D

1 had married, have been
2 had come, have seen
3 had not gotten, have finished

E

1 when your parents bought a smartphone for you
2 while her husband just does the dishes
3 why I have to take the medicine
4 while it is difficult for a beginner

Chapter 06 pp. 12 ~ 13

VOCABULARY CHECK

A

1	공동 창업자	16	총괄하여
2	발사하다	17	검토하다
3	멸종	18	우월, 우위
4	전멸시키다	19	보여주다, 나타내다
5	식민지	20	눈을 깜박이다
6	필요로 하다	21	만족하는
7	후에, 나중에	22	진짜의
8	~에 가깝다	23	가혹한
9	수확량, 산출량	24	다수
10	복사	25	소작농
11	엄청난, 굉장한	26	푸짐한
12	저항	27	건강에 좋은
13	해충	28	요리법, 요리
14	영양분, 영양소	29	양배추
15	말을 쓰지 않는, 비언어적인	30	~에게 인기 있는

B

1 submitting to
2 tend to
3 is made up of
4 is full of

STRUCTURES CHECK

C

1 내 고양이 Fluffy는 꽤 귀엽다. 하지만 그녀는 나이를 먹고 있다.
2 그는 어떤 요일인지는 모르지만 다음 주에 그의 가족이 올 것이다.
3 우리가 묵은 호텔은 아주 훌륭했다. 하지만 위치는 좋지 않았다.

D

1 Katherine was worried about her test result.
2 Many Koreans are concerned about the rise of tuition at universities.
3 He is interested in learning more about Mexican culture.

E

1 10 ways to get students to believe in themselves
2 is made completely from natural ingredients
3 are posting videos of themselves dancing
4 Everything around us is made of atoms.

Chapter 07 pp. 14 ~ 15

VOCABULARY CHECK

VOCABULARY CHECK

A

1	꽃이 피다	16	효소
2	꽃잎	17	오염
3	시들다	18	쓰레기 매립지
4	향기로운	19	중요한
5	모이다	20	발견
6	보호구, 보존 지역	21	돌파구, 발견
7	개인의, 사유의	22	돌연변이가 된다, 변형되다
8	영향력이 있는	23	플로리스트, 꽃집 주인
9	개인	24	개념
10	이득, 혜택	25	공경하다
11	~에 따라	26	대표하다
12	인물, 저명인사	27	존경
13	진정한, 진짜의; 진실된	28	~에 대해 말하자면
14	공감을 일으키는	29	상징하다
15	구독하다	30	애정

B

1 After all
2 are, regarded as
3 intend to
4 passed away

STRUCTURES CHECK

C

1 because
2 because of
3 because

D

1 inviting
2 going
3 departing
4 listening

E

1 He wants to have his own house someday.
2 even more intelligent than they had thought
3 Let her deal with this in her own way.
4 He looks much more excited than usual.

Chapter 08 pp. 16 ~ 17

VOCABULARY CHECK

A

1	경쟁; 라이벌	16	알아 볼 수 있는
2	반대의, 상대의	17	상징
3	~ 덕분에	18	원산의
4	또한	19	수송하다
5	개인적인	20	경작하다, 기르다
6	고마워하다	21	상업적으로
7	상대방, 적; 경쟁자	22	하나의
8	조합	23	건축의
9	한 번	24	회사
10	유명한, 중요한	25	작품
11	공동으로 작업하다	26	포함하다
12	마치 ~인 것처럼	27	시각, 시점
13	포착하다	28	일시적으로
14	(필름을) 현상하다	29	기회
15	정말로	30	미래상

B

1 consider, to be bad
2 go well together
3 come as no surprise
4 go sightseeing

STRUCTURES CHECK

C

1 to answer
2 being
3 to watch
4 going

D

1 to sign
2 to say
3 to win
4 to practice

E

1 her mom hang up the laundry
2 the reason that he rebelled against the king
3 help me find the way to the hospital
4 her for the reason that she visited his house

MEMO

MEMO

MEMO

내공 고등영어독해

영어 1등급 자신감!

❶ 아카데믹하고 흥미로운 소재의 32개 지문
❷ 독해 난이도에 따른 지문 구성
❸ 새 교육과정 고등 영어 교과서 핵심 문법 연계
❹ 한 지문당 내신 유형과 수능 유형을 균형 있게 학습
❺ 수능 실전 문항 및 변형 문항 수록
❻ 어휘·문법·구문 복습을 위한 워크북 제공

온라인 학습 자료 www.darakwon.co.kr

□ Review Test 8회 □ MP3 파일
□ 어휘 리스트 □ 어휘 테스트
□ 지문 해석 Worksheet □ Homework Worksheet
□ Dictation Sheet

문제 출제 프로그램 voca.darakwon.co.kr

다양한 형태의 단어 테스트 제작·출력 가능

 다락원 홈페이지에서 본 교재의 상세 정보와 MP3 파일 및 부가학습 자료를 이용하실 수 있습니다.